JN438596

사과의 변증법

사과의 변증법

정미경 신순자
김설영 김소영
손영자 우옥자
이동희 양소연

다시올

차례

차례

수필

문학기행

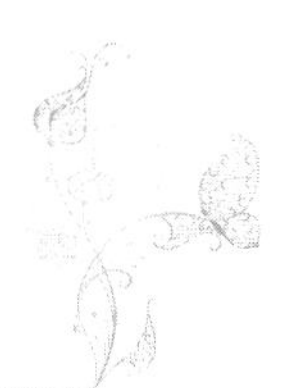

초대시

김정윤

시

정미경 신순자
김설영 김소영
손영자 우옥자
이동희 양소연

· 글샘 ·

사람은 변화의 시기가 오는 순간을 만나면 행복한 경험들을 떠올리며 기록을 합니다. 주머니 안쪽에 보물처럼 깊숙이 챙겨 넣고 다니는 필기구나 노트북을 꺼내 나만의 세상 속으로 들어가 순간순간 변화되는 세상을 붙잡을 때 마다 강렬한 에너지로 인해 존재한다는 것에 치명적인 희열을 느낍니다.

이 시를 쓴 날이 그러한 날이었습니다.
내 어머니가 몹시 그리운 날

내게 있어 글을 쓰는 일은 창조적인 작업이라기보다는
살아있는 날들의 기억들을 기록하는 일입니다.

김정윤
2011년《다시올문학》수필등단
사)동북아 문화교류협회 회장
"21세기를 빛낸 인물 선정"
(미)프레스턴대학교 석좌교수
현) 한국엔티에스그룹 회장
저서『믿음의 땅에서 디아스포라까지』
자서전『삼밭의 쑥』1. 2 권
jeong yoonk @hanmail.net

초대시 김정윤

사모

사모

김 정 윤

지난 세월 속에서
걸어오시는 당신은 흐리고
색이 바래 있습니다

자식의 길라잡이로 평생을
뒤란의 댓잎처럼 프르고,
샛별이 정화수에 어리도록
기원하던 염원으로 성장했습니다

솔바람 언덕 노송 아래
우화등선하듯 나풀거리는
당신의 치맛자락을 잡고
나 아직 어리광 피우고 싶은데

흐릿한 형상으로
종종걸음 떠나시는 뒤를
모자상 닮은 구름이 따릅니다
솔바람 물결소리 품에 안고서
송화향기 그득 취하시며
돌아서는 어머니

천겁을 편히 쉬시옵소서
언젠가 당신의 품으로 돌아가
그 향기에 묻혀 잠들렵니다

· 글샘 ·

오늘 다시
바닷가에 앉아
고개를 끄덕입니다.
저 먼 수평선에서 물 이랑 이랑
큰 놀로 달려온 일이
그저 제 몸 부수어 사라지기 위함이네요.

먼 길 허위 허위 달려와 온 힘으로
온몸을 부딪쳐 부서뜨리는 일.
치열을 봅니다.
동시에 평안을 봅니다.

나의 詩도 이 같으면 좋겠습니다.

정미경
《다시올문학》 시 등단
글샘 동인, 동인시집 「휘돌다 구부러진」 외
e-mail: yjmky@hanmail.net
blog: 유리알 유희 플러스 알파
http://blog.naver.com/yjmky

정미경

사과의 변증법

정 미 경

꽃
지고 말면 그뿐인 시간을 나꿔챌 것

꽃무덤을 힘껏 밀어내면
오롯한 방 하나
영문 모를 밀실에 수상한 파장이 인다
양극을 최대한 밀어내는 동시에
팽팽하게 끌어당기는 힘으로
중심축을 이룬다
탯줄이다

허공에 점찍은 중량 하나
새파란 다짐을 한다
– 중력 거스르기

대장장이의 풀무질로 불 뜨겁고
끊임없이 전자운동을 하고
우주처럼 천천히 팽창한다

꽃무덤에서 꼭지까지
거리가 아득해지면
말간 눈 몇 개
까맣게 가지런해지고

한 그루 꽃나무에서 한 그루 과실나무로
만선처럼 넘실댈 때
붉은 깃발로 최후의 다짐을 한다
중력에 거스르자

섬

뉴스가 이 삼 일 후 태풍을 예보했다

온통 진회색 빛
날이 흐리고
바다는 하늘과 붙어버렸다

한 줄기 여명도 없는 청회색 고요의 섬

늙은 호박 갈칫국 아침 밥상을 물리고
섬사람들은 말없이 과수원을 둘러본다

구름 뒤로
해가 저 혼자 건너는 동안
사내들은 검은 바위 끝에서 낚싯대를 드리우고
해녀들은 태왁을 띄우고 바닷물에 몸을 담근다

종일 몸을 뒤척이던 바다는
사내와 아낙이 뭍으로 들고도 한참 지나
섬을 향해 푸르르 몸을 떨며 긴 숨을 내쉰다

해무가 몰려온다
스멀스멀 섬을 감싸고 점령하려는 듯
지붕도 나무도 고개를 숙이고 몸을 움츠린다

어스름 속에서
노인 서넛 두런두런 바다를 어루만지고 있다

영실靈室에서

한라산 기슭
오백 개의 영혼이 일렬로 기립한 산 중 실내
회한의 눈물 뚝 자르고 단단한 바위가 되었다
어머니를 노래하는 영혼의 방

우리 어멍
날 먹이젠*
죽을 쑤당**
죽어부런***

어릴 적 아궁이 앞에서 들었던 옛날이야기****
자식 여섯 낳아 양식 걱정 끊임없던
우리 어머니

어머니 살을 발라 동생들 먹이는 꿈을 꾸고
자괴의 눈물 흘리던 아침
눈물 닦아준 바람이
구중천을 휘돌아
영실 오백장군 노래를 실어
하늘로 솟아오른다

* 나를 먹이려고 / ** 죽을 쑤다가 / *** 죽어버렸네
**** 가난한 설문대할망이 오백 명의 아들을 먹이려고 죽을 끓이던 중 죽을 젓다가 죽에 빠져 죽었다. 집에 돌아온 아들들이 그 사실을 모르고 죽을 먹었는데 어머니의 뼈를 발견하고 슬퍼하다가 돌이 되었다. 그 바위가 한라산 영실에 있는 오백정군이라는 얘기가 있다.

낯선 푸른 눈

내가 사는 마을을 지나는 길

열 살 쯤 그 길 따라 걸어가 본 적이 있다
외할아버지네 골목을 지나
곱추네 가게를 끝으로 인가는 끊어졌다
그리고 돌연 호젓한 들길
검은 돌담이 푸른 밭을 감싸 안고 있다
날랜 바람은 도깨비불처럼 돌담 구멍을 넘나들었다
귀 밝은 돌담은 오름 넘는 해의 소리를 발라내다말고
푸른 눈으로 나를 살폈다

설문대할망 치맛자락 감기우던 바람인가
콩잎 비린내와 어머니 머릿수건 내가 훅 끼쳤다
서둘러 돌아오던 어린 저녁
검은 돌담은 내 등을 잡아당기며
곱추네 불빛까지 따라왔다
그리고 마당에선 머릿수건이 풀어지고
어머니의 지친 하루도 천천히 흘러내렸다

불 빛 하나둘 눈 뜨는
저물녘 해거름엔
고단을 접으시던 어머니 내음이 묻어있다

흑점

펑 펑 두 문장
퍽퍽퍽 열세 음절
상사로부터 불편한 말을 들었다
천천히 걷는 걸음
왼 발에 한 문장
오른 발에 한 문장
번갈아 말한다
머리 위로 쏟아지는 햇볕은 따갑고
나는 어디론가 숨고 싶은데
그림자는 발밑으로 기어들어 뭉개진다
이 여름엔 태양이 몇 년 만에 폭발한다고 한다
흑점이 주기가 있어 금년이 대 폭발이라는데
그러면 위성항법장치의 수신에 오류가 일어난다는데
괴신호를 송신한 상사도 주기가 있어
오늘 폭발을 한 것인지
상사의 마누라가 주기가 있어 붕괴하면 연쇄폭발하는 것인지
그나저나 나도 그 파동으로 식구에게 짜증을 부릴 터인데
그러면 내 아들 놈은 강아지에게 심통을 부릴까
퇴근 길 불빛에 얼룽이는 그림자 보며
씨부렁씨부렁
열세 음절 단 두 문장에
대꾸해본다

처음엔 작게 점점 크게
그림자더러 삿대질도 한다
같이 삿대질 하던 그림자
어두운 골목길에서 행방불명이다

· 글샘 ·

올해는 아홉수였습니다.

어른들 말씀에 넘어가기 힘든 아홉을 말하곤 했는데 이제까지 시간 중 가장 사나운 해였습니다.

저보다 두 살 많은 오빠를 여의고 이름 두자 떠올릴 때마다 울컥거렸습니다. 나보다 어린 올케와 세 조카를 보는 것, 아들이지만 부모에게 제일 살가웠던 오빠를 보낸 죄인으로 살아가는 부모님을 위로하지 못하는 것, 비석 위에 새긴 차가운 이름, 이것들은 지금도 생성과 진화를 반복하고 있습니다. 잊는다고 말하는 것이 또 다른 기억임을 알고 서로에게 건네는 위로가 또 깊은 슬픔을 만듭니다. 거르고 또 걸러서 변증법적으로 넘어설 수 있는 것도 현재형이 될 수 있을까요?

시는 어둡고 있는 대로 배설하여 다시 보기가 민망합니다.

돌아보지도 않고 보낸 시에게 미안해집니다.

신순자

글샘 동인

원종고등학교 근무

e-mail: iicandoall@naver.com

신순자

그리움
목격
삐끗
세탁기
이별
안 되는 위로

그리움

신 순 자

추상적으로
관념적으로만 있던 죽음
직접 맞닥뜨린 것은
차갑고 거친 베
온기 없는 딱딱함
그마저도 이제 볼 수 없는 게
살아있는 죽음이었다
죽음은 이렇듯 몰상식한가

그 사람을 호명하는 것은
눈물보다 늘 나중이고
열 번을 생각해도 한 번을
입 밖으로 부르지 못한 채
목구멍까지 오르지 못해
울컥대며 가라앉는다
고장 나지 않은 시계에서
그 시간은 멈추어 있다

목격

한 남자가 이불을 턴다
분리수거함에 넣지 못하는 이불을
당장 없애야만 하는 듯
억지로 쑤셔넣는다
한 때의 꿈이 무르익은 금박이불
그녀의 가장 깊은 숨이 배어 있을
이불을 꾸겨 넣는다
며칠 전 그녀가 떠난 후
복사꽃같은 살 내음 연하게 배인
이불을 털어
버린다

삐끗

5센티미터의 굽
이건 멋내기도 안 되는
푹신한 슬리퍼다
급하게 내몰았던 발걸음
거의 뛰면서 다닌 계단에서
약간의 뒤틀림으로
온몸이 기댈 곳 잃은 처지가 되었다
거뜬하게 받쳐주던 발바닥은
허공에 띄워야만 하는 자세로
딱딱한 발바닥이 부드러워질 때까지
꽤 오래 기다리라는 것이 의사의 처방이다
앞으로 조심해서 살라는 경고
이런 식의 복수가 우습다 생각했지만
에스컬레이터를 보기만 해도
발가락의 전율이 눈으로 올라온다
독약처럼 빠르다

세탁기

온몸을 불태우며
고통 대신 희열을 추구하는 소신공양*
세탁기를 돌리며 말이 되나?
문득 소수공양을 생각한다
버튼 몇 번 눌러 명령하면
힘차게 물 내려가는 소리
팽팽 돌며 더러운 것들
시원하게 털어낸다
속까지 후벼준다
혼자서라면 몇 바퀴 돌다
어지러워 포기하고 마는 길
수십 바퀴를 물과 함께 무겁게 휘돌면서
현기증 같은 것 없고
주어진 시간을 딱 지켜
내 한 몸 물로 씻어준다
게다가 온전하게 되돌려준다

* 소신공양 : 자기의 몸을 불살라 부처 앞에 바치는 일

이별

사랑하는 사람과 헤어져 아픈 데에는 조제가 안돼, 약이 없어, 그냥 아플 만큼 아파야해, 아프고 아프다가 또 아픈 것 그게 사랑이었음을 알려주는 것이다 그리고 더 이상은 사랑하지 못할 것 같은 두려움이다

안 되는 위로

욕심을 이제 내려놓으려한다는 말이 욕심이라는 걸 안다
그대 보내는 자리에서 뜨거운 국밥을 길어다 넘기며
산 사람은 살아야 한다고 말하는 것은 또 얼마나 부끄러운지
눈물 한 방울 고일 데 없이 바삭해진 너를 보며
울지마라 울지마라 다른 곳 두리번거리지 마라
네 눈빛이 너의 육신마저 태울 것 같아

글쓰기에 대한 미련을 버리지 못해 가까운 지인의 권유로 글샘 모임에 참석하다 이렇게 책까지 나오니 감개무량하다.

한 달에 한 번 모임이라도 잘 참석해야 했는데 상황이 여의치 않아 정기적으로 참석 못한 점이 많이 아쉬웠다.

관심만으로 꿈은 이루어지지 않고, 끊임없이 연습해야 함을 다시 한 번 알았으니 앞으로 더욱 분발하여 글쓰기를 해야겠다.

글샘 9호 동인집이 발간되도록 특히 고생하신 회장님, 총무님 그리고 회원들 모두의 수고에 감사드린다.

김설영
snow-skin@hanmail.net

김설영

통증
4월
마차푸차레

통증

김 설 영

살포시 내려앉은 벚꽃잎도
어깨를 짓누른다
한 번의 주사로 통증이 없어지려나
숨 한번 들이쉬고 들어서는 투명문은
나의 벽이다

깊이 파고드는 스테인레스의 차가움
말랑말랑해져 주사기 속으로 뽑혀 올라온
희뿌연 석회질
갑자기 뚫려버린 눈물샘에
선생님과 내가 웃는다

4월

새벽 창 너머
어스름하고 희뿌연 빛이 하루를 연다
온몸에 깃드는 뿌듯한 기운
하늘은 푸르러 가고
알록달록 변해가는 시가지

봄햇살 가득한 곳 먼저 꿰찬
늘어진 고양이의 등허리
눈바람을 날리는 벚꽃잎들
가지마다 흐드러진 하얀 목련
베란다 너머로 솜이불을 털며 무거움을 날려 보낸다

매순간 온 힘을 다해 밀고 나오는 4월
햇볕을 먹으러
뚜벅뚜벅 거리를 걷는다

마차푸차레

셰르파와 야크 숙소지기의 집을 보며
최고봉이 보이는 곳에 서고 싶다.
8,000m의 에베레스트 봉우리
히말라야 산맥의 곁에 서고 싶다

대지의 여신인 안나푸르나
클라이머들의 조끼에 또렷이 박힌 K2
등산 장비의 산 역사 로체
청소년들의 제2의 교복이 돼버린 북벽, 노스페이스

고소증에 혈관이 터지고
동상으로 마디마디를 절단하고
설맹雪盲으로 눈이 먼다지만
이 공포, 이 죽음을 넘어서는 경이로움과 유혹은
얼마나 위대한가

귀에 익은 14좌 봉우리
일상이 돼버린 등산복 패션

히말라야*는 눈雪이 사는 곳
나를 부르는 곳이다
곁에 있을 때는 감동을 몰랐던
마차푸차레의 거대한 봉우리가
사진 속에서 불쑥 손을 내밀었다
가슴이 뜨거워졌다

* 히말라야(Himalaya) : 고대 인도언어인 산스크리트어로 눈을 뜻하는 히마(Hima)와 거처(居處)를 뜻하는 알라야(Alaya)의 합성어로 '눈의 거처', 즉 '만년설의 집'이란 뜻을 가지고 있다.

그 집 음식 맛을 보러갈 때 '장맛 보러간다.' 고 한다.
올해 우리 집 장맛은 썼다.
하루를 살다 지쳐 돌아오면 음식은 뒷전이었다.
겨울을 나기 위한 김장도 못했다.
이런 가운데 나온 시의 맛은 얼마나 쓸 것인가…….

동인지는 호를 거듭하는데 나의 시는 발걸음을 멈추고,
입맛도 쓰다.
그러나 살아있음의 징표다.
같이 가기 때문에 살아있음을 보여 줄 수 있다.
시의 맛은 언제 돌아오려나

김소영

글샘 동인 동인시집 『학운동 풍경』
ksyljn@hanmail.net

김소영

슬픔의 부력

김 소 영

그가 떠난 후
제 자리에 서 있지 못하고
파도에 출렁거린다

땅 위에서 발이 떨어지지 않던
다정했던 중력의 시간은
어디로 가고
나는 지금 부력으로 떠올라
해초처럼 떠다니는가

어느 해안 모래톱에 떠밀려
찢겨진 모습으로 슬픔마저 말라 버릴 때
부력은 멈출 것인가

그 모래톱 어디에 있는가

부러진 포도나무

지난 겨울바람에
어린 포도나무 빰이 빨갛게 얼어
여린 가지 바람을 타다 그만 부러졌다

부러진 포도나무는 혼신으로 생각한다
나는 포도나무다, 나는 포도를 맺어야 한다
포도나무는 부러진 가지를 도마뱀 꼬리쯤 생각한다

도마뱀의 꼬리가 자라듯 내 몸에서도 새순이 돋을 것이다
나는 포도나무다, 나는 포도나무다 외며
개미의 부지런함으로 수액을 오르내린다

어느덧
포도나무 부러진 가지 끝에 새 눈을 달고
봄을 지나고 있다

봄의 소리

노란 개나리 담을 넘는 소리
거리에 철쭉꽃 벙그러지는 소리
물오른 가지에 새싹 눈 뜨는 소리
봄이 옷을 입는 소리

무럭무럭 자라는 아기 옷 터지는 소리
운동장의 아이들 팝콘처럼 튀는 소리
열일곱 소년의 턱에 검은 빛 돋는 소리
봄 햇살이 여물어가는 소리

나팔꽃

허리를 혼자선 세울 수 없어
이 나무 저 나무에 기대면
넝쿨이 싫다 걷어지는 삶

치워지고 잘라지는 삶일지라도
한 생명으로 싹텄으니
넝쿨 벋어 타고 올라야
검은 씨앗 맺을 수 있는
생生은 집요하다

행여,
어느 나무 나를 허락한다면
보랏빛 나팔 새벽마다 부르리

낙엽

치매에 걸려
우두커니 길가에
주저앉은 할머니
찾지 못할 가족을
기
다
리
는
망연한 시선
허공에 뿌리는 할머니

할머니

아기를 낳지 못해 베개라도 낳고 싶으셨던
할머니
양자로 데려온 아버지 금지옥엽으로 기르시고

동생이 많아 엄마 젖가슴 멀었던 나에게
당신의 마른 가슴은 밤마다 어머니가 되었다

고구마 캘 때 팔뚝처럼 큰 놈 나오면
손녀 몫이라고 먼저 챙기셨던 할머니
겨우내 고구마 닥닥 긁어 입에 넣어 주던 숟가락
반달처럼 기울었다

다듬잇돌에 수숫모가지 터시던 할머니
수수처럼 고개 무거워 하시더니
비녀를 꽂다가 놓치셨다

어느 단풍 짙은 해
꽃상여 새끼줄에 백 원 지폐 꽂고
극락왕생하러 가셨다

올 가을 슈퍼에 나온 큰 고구마가
할머니처럼 웃고 있다

· 글샘 ·

휩쓸려 다니며 작은 풍랑 일으키는
내 안에 떠도는 언어
무수히 내재된 단어들은
외출 후 문장으로 엮지 못하고
표류하는 시간이 길다
시 쓰기
단절하고 싶지만
외면 할 수 없는 애증의 관계
희미한 시의 꼬리 부분을 잡고
망연해 하는 나를
끌어주는 동인들 있어
서툰 한 걸음 딛게 되었다

손영자

023362@hanmail.net

손영자

고구마 캐기

손 영 자

틈을 보이지 말자
고구마순은 단숨에 밭을 뒤덮었다
가을 들판 무르익을 즈음
괭이랑 삽자루가 나타나 덩굴을 거두어갔다
연결된 탯줄은 일시에 끊어졌다
서툰 호미질에 살짝 내민 빨간 얼굴
땅위로 고갤 쳐들고 호기심 가득한 모습으로
처음 보는 세상을 탐색 중이다

요것들 여물게 하랴 단맛 들이랴
열기를 뱉어내던 태양
햇살은 제풀에 지치고
걸핏하면 울어대던 하늘은 차갑고 도도해졌다

가을은 고구마순처럼 지쳐갔지만
땅 속은 실하게 여물었다
어둠속에서 주렁주렁 태어난 신생아들
밭고랑에 누워 젖은 몸 말리고 있다
짧은 햇살이 품고서 단물 먹이고 있다

고속시대

귀와 입 손 끝에 눈이 달려 남의 일에 참견이 잦았다
우르르 문밖으로 나온 소문들 한참씩 마을 어귀에 머물렀다
걷다 지친 이야기는 이웃 창문 두드려 몸을 부풀렸다

천천히 걷던 소문들이 달려가더니
이제 날개를 달고 빠르게 날았다
동구 밖에 매달렸던 소식들은 속도전에 휘말렸다
돌아앉은 세상에게 문고리 흔드는 어리석은 일도 잊었다
마을에 떠돌던 소문은 안방으로 몰려가고 집들은 문을 닫았다

닫힌 공간 속에서 더 무성해지는 소문
문으로 드나들던 언어들이 화면 속을 배회하며 키를 늘렸다
속도에 중독된 사람들은
인터넷 속으로 들어가 먼 나라까지 날아갔다
소문은 시공간을 초월하여 떠다니며
한순간 빛나는 별로 걸어두기도
순식간에 수렁 속으로 밀어넣기도 했다

소문도 문으로만 다니던 시절이 그립고
메마른 화면 소식에 아직도 서툴지만
흘러가는 속도에 보폭 맞추려
오늘도 컴퓨터를 켠다
그리고
소문 속으로 들어간다

말[言]의 각도

말의 모서리에
심하게 마음을 베였다
통증은 심했고 상처도 깊었다
밤새 말꼬리를 붙들고
감고 풀기를 반복해도 안개는 걷히지 않는다
두려운 기억은 시시각각 일어나
위축된 나를 끌고 다닌다

내말의 각도는 90도
상대방은 30도
봇물처럼 쏟아지는 말 속에서 종종 어긋나는 말의 각도

기울어진 면에 눌려 점점 작아져 숨기도 하고
모서리에 끼여 말문이 막히기도 하고
어디쯤 서 있는지 자꾸 잊어버리기도 한다

말의 기둥을 붙들고
각을 세우기 위해 궁리중인 나를
햇살 속에 가만 꺼내 보았다
내가 세운 각이 나를 찌른다

안개 도시

꼬리에 꼬리를 문 안개군단이
거대한 도시를 삼켜버렸다
소리마저 흐릿해진 단절
사라진 사람들과 차량이
늪 속을 허우적거리며 허공에 걸려있다
내디딜 수 없는 막막함에 건물들은 제 모습을 지우고
도시는 습기의 덩어리 속으로 깊이 몸을 숨겼다 안개가 꼬리를 놓친 지점에서
사라진 것들이 갑자기 튀어나와 얼굴을 들이밀다가
다시 지워지기도 했다

언제부터인지 그와 나 사이를 감도는 불투명함
그 안에는 어떤 기단이 흐르는지
짙은 안개 속에 뿌리를 잃고 공중에 떠있다
예민하던 촉각도 무디어졌다
그의 의중이 어디쯤인지
안개 속을 더듬어본다
그가 잡히지 않는다

生

늦가을 바람에
나뭇가지에서 팔랑거리던 느티나무 잎들이 후르르 떨어진다
길에 쌓인 낙엽 위로 포개지는 잎들
어딘지도 모르는 춥고 습한 담벼락 아래까지 날아갔다
뿔뿔히 흩어진 형제들은 어디쯤 당도했는지
가로등에게 모퉁이 돌아나오는 바람에게 안부를 물었다
더러는 이웃한 벚나무 잎들과도 만나겠지만
모르는 이들과 어울려
공원에 쌓아둔 낙엽무더기 속으로
웅덩이 속에 오물을 쓴 채 반쯤 몸을 담그고 있다

한때는 눈길 받아 카메라에 찍히고
뭇시선 끌어들여 셔터 속 누군가의 배경도 되었는데
이제 계절은 시들고
물기는 점점 말라
누군가의 빗자루에 쓸려 또 어디론가 갈 것이다
무수한 발자국에 마지막 생이 그대로 접혀지거나
책갈피에서 새롭게 태어나기도 할 것이다

나는 어디에서 흘러왔을까

지구 위 무수한 사람들 틈바구니에 휩쓸려 다니다
삼십 년 이곳에 뿌리 내리고
미지의 얼굴들과 인연을 맺고
매일 다른 일지를 쓰고 있다

· 글샘 ·

2003년 『글샘』이 탄생하였다
그리고 창간호를 낸 것이 2004년 1월 30일이었다
2013년은 우리가 만나지 10년이 되는 해이다
지금 우리는 글샘 9호 발간을 앞두고 있다
창간호에 실었던 詩 "나비처럼 잠들다"를 읽어본다
江山도 변한다는 긴 시간이었다
一家를 이룰 시간이 흘렀다
《글샘》…… 너는 내게 무엇이었는가
…… 그리고 무엇이어야 하는가

오랜 사랑은
애증의 긴 그림자를 드리우며 다시 희망을 생각한다

우옥자
2008년 「다시올문학」(시) 등단
글샘 동인, 동인시집 『오이지 단지』 외
현 사우고등학교 재직
e-mail: wooropa@hanmail.net
blog: 저물며 빛나는 바다 http://blog.naver.com/wooropa

우옥자

골무꽃

우 옥 자

그리운 노동의 기억이 있다
온 마음이 손끝에서 피어나는 꽃
목화솜 속살에 한 땀 한 땀 징검다리를 놓고
골무 낀 검지가 홑청 귀를 곱게 여민다

붉은 공단 이부자리
온갖 나비들이 흐드러진
사각사각 스치는 아릿한 감촉 어디쯤
꽃잎이 떨어진 흔적이 있다

다듬이질소리 초가을 햇살이 매만지던
윤기 흐르던 옥양목 홑청
차마 버리지 못한 빛 바랜 압화壓花
장롱 깊숙이 화석化石 되어 누워있다

그리 쉽게 피고 지는 걸

노루발이 잰 걸음으로 세상을 박음질한다
드럼세탁기가 돌리고 짜고 건조시킨다
이불솜에 포플린 홑청을 갈아 끼우다
선반 위 반짇고리
우두커니 골무꽃을 추억한다

노지露地의 맛

이순耳順을 넘겨, 고향으로 돌아간 친구
푸성귀 풍성한 그의 밥상
펑퍼짐한 촌부를 닮은 호박은 새우젓 간하고
우툴두툴 허리 오그라진 오이도 함께 올라왔다
이래 뵈도 마디게 자란 것이야
오이향이 감도는 개운한 저녁이다

채소들도 피곤할거야
나름 경쟁력을 갖춰야 한다고
마트에서 비닐 코르셋 입은 미끈한 애호박들 봤지
제철도 없이 웃자란 것들에겐 왜 향이 없는지 몰라

오이 한 조각에 스민 이슬
오이 한 조각에 박힌 별빛
오이 한 조각에 부대낀 바람

제 한 목숨 맑게 건사해서
두엄간 풀처럼 폭삭 썩는 것이 꿈이라는
저수지가 보이는 그의 집 노을이 유난히 붉다

황혼

봄이 오는 길목, 아내를 위해
노상 트럭에서 사온 때깔 좋은 사과 한 봉지
냉장고 귀퉁이에 두 달째 처박혀 있다

멀쩡한 것은 껍질뿐이었나
맘 놓고 썩지도 못한 모양
어찌 갈무리했는지 민숭민숭한 맛이다

와싹, 한입 물면 사근사근한 살점
분내 피어오르던 발그레한 빛깔
한창 때를 기억하고 있을까

아내는
무슨 생각인지 사과를 꺼낸다
빠득빠득 씻어 두 쪽으로 가른 후
다시국물 우려내는 냄비에
첨~벙

감칠맛 나는 뭉근한 저녁이다

무릎덮개

길 나설 때
도르르 말은 도톰한 무릎덮개 한 장 챙겼다

한뎃잠 베개가 되었다가
더러는 펼쳐 깔개가 되었다가
어깨에 두르는 숄도 되었다가

진료실 대기의자에
한 움큼으로 누운 어머니
안쓰럽게 감싸드릴 이불도 되었다가

반듯하게 접어
꽃씨 심듯 젖은 얼굴 묻었다가

쓸쓸한 에움길
이보다 좋은 친구가 있으랴

갈치 한 토막

4교시가 끝나면 점심시간
드…르…르르…륵
도시락을 접수한 뒷문이 조심스럽게 닫혔다

집이 가깝다는 이유로, 입이 짧은 딸을 위해
어머니는 한사코 도시락을 날라다주셨다
네 귀를 리본처럼 묶은 꽃무늬 보자기
갓 지은 밥에 금방 구운 도톰한 갈치 한 토막
가슴이 금세 후끈해졌다

그러시던 어머니는
요즈음 부쩍 밥알도 많이 흘리시고
수저를 놓자마자 배고프다고 타박도 하시더니
모처럼 사드린 수입산 갈치구이 맛을
옛날 그 맛이랴며 어찌나 맛깔스럽게 드시는지

이제, 어미가 되어보니 알겠다
삼백육십오일 삼시 세 끼 공양
이보다 진한 공력公力이 있을까

더운 밥 한 그릇으로 세상을 건너가는 것이다

耳順日記

물 말은 밥에 김치조각 얹어 몇 술 뜬 후
손발 저린데 좋은 오메가3, 강낭콩만한 종합비타민, 분홍 캡슐의 호르몬제, 만성위염을 달래는 마이신 몇 알, 오늘은 독한 감기약까지 한 움큼 입안에 털어넣는다

밥 먹듯 약 먹고 약 먹듯 밥 먹고
시들시들 질겨지는 목숨, 토닥토닥
가슴을 쓸어내린다

늙는다는 건, 복용하는 약의 가짓수가 늘어가는 것
맛있는 것이 조금씩 줄어드는 것
식탁에 양념통처럼 가지런히 늘어선 약병들
이것저것 조미助味해도 도무지 밍밍한데

디저트는
새콤달콤한 비타민C를 입가심으로 추가해 볼까

우산

비가 오면 우산들 천지
다양한 브랜드, 그 중엔 사은품도 많다
예기치 못한 불행에 대비 하세요 ○○생명
한번 꼭 찾아주세요, ○○○개업

지하철 선반에 놓고 내리거나
어느 찻집 의자에 놓고 오기 일쑤인
우산들이 어느새
사람들의 어깨를 감싸고 걷는다

식구 수만큼 우산이 없던 그 시절
찢어진 비닐우산을 내던지고 뛰어가는 아들을
골목 어귀까지 쫓아오시던 어머니
녹슬고 뒤틀린 살을 다듬어
애오라지 곱사등 우산 마련해주셨지

갑자기 소나기 쏟아지는
버스정류장에 망연히 선 퇴근길
마음 구석방에
오랫동안 접혀있던 우산 하나
푸드득, 빗방울을 털어내며 젖은 손 내민다

· 글샘 ·

살아있다는 것으로
바람조차 낯선 거리를 헤매며
비를 맞는 저녁

잃어버린 삶의 굴레에서
되돌릴 수 없는
시간의 촉수를 찾아가는 모습이
눈물겹게 아름답기에
나는 마음속에
푸른 나무를 한 그루 심는다

이동희

Pablo Neruda 기념문학상 신인상(현대시)
서정문학 신인상(수필)
가톨릭문예 작품상(2012/현대시)
e-mail: ss75400@naver.com

이동희

공범들
나의 유배지
고물상 의자들
늙은 책의 꿈
메두사의 독화살
하루의 끝자락에서
범박동 달동네
계단의 진실

공범들

이 동 희

마당의 순결한 석류가슴 헤집은
범인을 찾아 나섰다
머리채를 뒤흔들고 간
흔적만 흩어져 있다

족적 하나 남기지 않고
허공으로 사라진 뒤라
도무지 난감하기만 하다

석류그림자 지고 있던 담벼락은
아무 것도 보지 못했다고 한다
대문 밖 은행나무는
그저 묵비권을 들먹일 뿐이다

범인이 얼마나 용의주도했는지
골목길에 은행잎들마저 다 쓸어 가버려
지리한 탐문은 부질없이
무릎의 불협화음만 키우고 있다

이제 마지막으로
어둠에게 기댈 수밖에 없다

어둠이 느닷없이 당돌한 조건을 내세운다

범인을 체포하지 않겠다면
현장을 목격했던 늙은 감나무에게
지문 정도는 부탁할 수 있다고 한다

알고 보니 모두가 한 패거리였다

나의 유배지

무르팍까지 지친 하루를 데리고 온 저녁

아내는 연속극
딸은 인기그룹의 댄스곡
아들은 컴퓨터 게임에 접속 중이라
나는 비상계단에 앉아 담배를 피워 문다

아무도 눈길조차 주지 않는 밤
다가오는 외로움이 시를 쓰게 한다

TV에 빠진 아내의 훌쩍거림이
MP3 댄스음악의 성가신 소음이
아들의 탁탁대는 자판 소리가
내 원고지에 쏟아진다

스탠드 등이 파르르 떨기 시작한다

나는 이미 다른 세상으로 격리되어
낯선 공간을 헤매고 있다

이곳은 타클라마칸 사막

원고지 위로 모래바람이 불어온다

고물상 의자들

수명을 다한 의자들이
고물상 공터에 널브러져 있다
회전의자, 식탁용 의자,
철제의자, 나무의자들이
죽은 짐승처럼
하늘에 배를 드러낸 채 누워있다

한때는 누군가의 체중을
받아 안고 있었지만
이제는 관절이 부러져서
제 한 몸도 추스르지 못한다

그저 옛 기억을 간직한 채
서로의 어깨를 맞대고
내리는 봄비에 하릴없이 젖고 있다

움을 틔우는 빗소리에도
전혀 미동도 하지 않는 의자들

어딘가에 버려두고 온 체온을 그리워하며
바람에 절뚝거리며 하루를 보내고 있다

늙은 책의 꿈

언제부터 여기서 살았는지
기억이 나지 않는다
태어난 시간들은 저마다 다르지만
이제는 동병상련하며 살을 맞대고 산다

칸칸이 세든 중고서점의 서가에
세월의 제목들,
잠들지 못하는 서러운 비명碑銘처럼
철 지난 시간을 담고 있다

이따금 드나드는 바람에게
손 떠난 옛 주인을 수소문해보지만
부질없는 먼지만 인다

알알이 새겨진 자음과 모음들이
누렇게 바스락거리며
한낮의 나른함에 취할 때
손끝 따라온 타액을 해독解讀하지만
낯선 지문보다 오래 살아온
본능이 고개를 돌린다

한 순간 와 닿은 낯선 온기가
아쉬움으로 바뀔 때
갑자기 옆자리가 허전해지고
작별도 없이 떠나버린 빈자리에
갈 곳 잃은 쓸쓸함이 파고든다

늙은 양철지붕 아래에 어둠이 깔릴 때
서점주인의 목장갑이 하루를 내려놓으면
곰삭은 시간이 또 한 겹 내려앉는다

메두사의 독화살

눈을 떠보니 회복실

메두사의 화살촉이
척추 깊이 박혀있음을
몸이 말해주었다
숨이 들락날락하는 것도 호사였다

지천에 널려있는 공기
난 늘 공空으로 받았다
그 보이지 않는 것이
지금껏 내 몸을 지키고 있었다

태초에 아담을 빚어낸 신의 날숨이
돌보다 더 굳어진 하반신까지 퍼질 때
화살촉이 서서히 빠져나왔다

한 숨 한 숨 내쉴 때마다
내 몸은 살아나고 있었다

허공에 함부로 쏘아댄
주워 담을 수 없는
독화살들을 후회할 때
눈에서 독기가 빠져나가고 있었다

하루의 끝자락에서

불볕더위가
동산너머로 숨어버리고
손때 묻은 밀짚모자에
노을이 내려앉는 초저녁

들녘에서 함께 한 하루를
개울가에 데려온다

깊이 팬 주름 따라 개울물이 흘러가면
주름진 손마디마다
내려앉은 시름도 따라 나선다

피땀으로 하나 된 낡은 삽이
시원한 물속에 발을 담그면
개울은 온종일 담아두었던
무심한 하늘,
태풍 맞은 쭉쟁이 들판,
빚 뒤집어 쓴 허름한 동네를
물 밖으로 내보낸다

어제처럼 저무는 오늘
말없는 개울은
노을빛 끌어와 하루를 마무리한다

범박동 달동네

범박동 달동네에 어제와 같은 달이 뜬다
세월이 비켜간 그곳에
사방에 즐비한 고층아파트들이
지붕 낮은 집들을 내려다본다

시간을 감당할 수 없는 건지
삭을 대로 삭은 슬레이트 지붕은
바람에 금방 내려앉을 것 같다

인기적 없는 단층슬라브 옥상에
빨래걸이 쇠막대는
노숙의 나날에 벌겋게 녹이 슬어있다

골목길 건너
영광 수퍼마켓 아크릴 간판은
불 꺼진 채 셔터 문이 굳게 닫혀있다
오갈 데 없는 낡은 자판기만
우두커니 서서 시간을 감내하고 있다

옥상에는 무성한 잡초들이 진을 치고
무심히 지나는 바람 따라
적막한 골목길을 내려다본다

예수가 떠나버린 작은 교회
찬송가는 끊어지고
높다란 철탑은 앙상한 뼈마디마다
시뻘건 녹을 뒤집어쓰고 있다

헤아릴 수 없는 막막함이 지배하는 이곳에
늙은 은행나무가 오늘도 변함없이
유모차 끌고 가는 무허가 인생을 따라
정지한 듯한 하루의 그림자를 마주할 뿐

* 범박동 달동네 : 경기도 부천시 소사구 범박동에 자리한 재개발 예정지역

계단의 진실

시작도 끝도 닮은 꼴

부동자세로 자리한 계단은
하루살이같은 생들이
밤낮없이 부질없는 욕망을 위해
쏟아내는 무르팍의 불협화음을
무표정하게 듣기만 한다

가늠할 수 없는 시간도 힘을 더하면서
생의 불안한 상승을 부추길 때
그 헛된 꿈은
발밑의 단단한 계단처럼 굳어져간다

쉴새없이 와닿는 발자국 소리
저마다 다른 속도로 질주하고 있음을
계단은 본능적으로 느낀다

출세도 욕망도 결국은
부질없는 시지푸스*의 꿈일 뿐
우화羽化된 석관石棺들은 진실을
몸소 드러내고 있는데
모두들 애써 외면한 채
어리석게 오르내릴 뿐이다

* 시지푸스 : 죽음의 신을 가두어 인간의 삶과 죽음의 경계를 무너뜨린 죄로, 제우스 신으로부터 무거운 바위를 산 정상까지 끌어올리면 엄청난 힘으로 굴러 떨어져 매번 땀과 흙먼지를 뒤집어 쓴 채 다시 끌어올려야 하는 형벌을 받은 그리스 신화의 등장인물

· 글샘 ·

생각이 어수선한 날
마음을 꺼내서
체에 걸러본다

고운 것들은 아래로 모이고
거친 것들만 남을테지
무엇 무엇이 남았는지
들여다 본다

집착, 증오, 두려움과 함께
푸른 물고기 한 마리도
요동을 치며 살고 있었다

양소연

문학동인 글샘 동인,
동인시집 『휘돌다 구부러진』 외
e-mail: ysy19kr@hanmail.net
blog : 뒷마당의 채송화 http://blog.naver.com/ysy19kr2

양소연

을왕리乙旺里
콩케팥케
머리를 자르다

을왕리乙旺里

맨 몸 드러내고
찬바람 맞는
검붉은 갯벌 등짝 같은

먼 바다의
경계 없는 끝을 보거나
낯선 공기를 마셔야만
살아 낼 수 있는 시절

떠나고 싶은 어제와
떠날 수 없는 오늘

썰물에서 밀물까지의
먼 시간 사이에

괜찮다 괜찮다
등 토닥여주는
가까운 바다,
을왕리가 있다

콩케팥케

살겠다 못 살겠다
근심과 한숨 미처 걸러내지 못하고
묵힌 염증

속을 끓이고 또 끓였더니
결국 콩팥이 익었다

병과 씨름한 지 한 보름
묵은 찌꺼기 걸러내고
간신히 내려앉은 염증

그 사이
한 가지 꾀가 늘었다

콩은 콩대로
팥은 팥대로 골라내는 재주가 생겼다

* 콩케팥케: 사물이 뒤섞여서 뒤죽박죽이 된 것을 이르는 말

머리를 자르다

공들여 기른 머리
짧게 자른 아침

버릴 수 없었던
사연들을 떨쳐버리고

잡념과 걱정이
한 움큼 잘려나간 듯

소복이 제 발등에
잎 떨군
공원 은행나무 옆에 서다

수필

정미경 김설영
김소영 손영자
우옥자 이동희

뒤돌아서면 가까운

정 미 경

초등학교시절 1학년부터 3학년까지 우리 반에는 남자 여자 반반 씩 일흔 명 정도 되었다. 남자 여자 한 책상에 앉았다. 서로 금을 그어 넘어오지 않기라며 내외를 하였는데 남자애들은 자기 쪽을 넓게 금을 긋기 일쑤였다. 내 짝이 되는 남자애들은 대체로 공평하게 책상 금을 그어서 그랬는지 짝과 별 불만 없이 학교생활을 하였다.

나는 담임선생님이 골몰하시는 일에 주로 주의를 집중하며 지냈다. 내 생각에 선생님은 공부 잘하는 아이를 가려내는 일에 몰두하셨던 것 같았다.

나는 학교생활이 좋았다. 밤에 아버지께서 깎아 주시는 연필로 글을 쓰는 것이 좋았고, 머리를 왼쪽으로 사십오 도쯤 납작하게 뉘어 지우개질 하는 일, 칠판과 공책만을 쳐다보며 목을 까딱거려가며 선생님의 금언을 받아 적는 일이 그렇게 좋을 수가 없었다. 그 시절 나는 바른 길을 바르게 걷는 아주 올바른 어린이임에 틀림없었다.

학교에서 걸어서 삼십분 정도 되는 신산머루 마을의 우리 집에는 뒤꼍 약간 낮은 지대의 텃밭에 커다란 복숭아나무가 한 그루 있었다.

겨우내 모든 것을 다 떨구고 우둠지부터 큰 줄기, 가는 가지까지 눈을 꼭 감고 죽은 듯 서 있다가, 봄이 와 볕이 따뜻해지고 햇살에 눈까풀이 감실감실 감길 때쯤이면 이 나무는 온통 난리가 났다. 나무는 제 온몸에 꽃봉오리를 매달고 그칠 줄 모르고 매일 매일 꽃송이를 피워내었다. 꽃 한 송이 한 송이를 활짝 활짝 피워제끼는데 어느 꽃 하나 미완성인 것 없이 열심히 피워내었다. 마치 이랬다.

> 벌판한복판에 꽃나무하나가있소 근처에는 꽃나무가하나도없소 꽃나무는제가생각하는 꽃나무를 열심으로생각하는 것처럼열심으로 꽃을피워가지고 섰소 꽃나무는 제가생각하는꽃나무에게 갈수없소 나는막달아났소 한꽃나무를위하여 그러는것처럼 나는 참그런이상스러운흉내를내었소.
>
> – 이상의 꽃나무 詩 전문–

어린 내 마음에는 그 죽은 것 같았던 큰 나무가 그렇게 조그만 꽃송이를 수 만 개 매달고 어느 하나 대충하는 것 없이 충실하게 모두 다 피워내는 일이 엄청난 것 같고 부담스럽게 느껴졌다고 해야 하겠다.

그러나 영원한 일은 없는 법. 그 꽃 잔치도 끝이 났다. 복숭아나무는 이제 연두 잎을 내어 초록으로 차분해져갔다. 그러면서 떨어진 꽃자리마다 조그만 복숭아 열매를 내어 또 열심히 키워내었다.

열매는 꽃과 달랐다. 나무 스스로 안될 성 부른 것들은 떨쳐내었다. 바람에 적당히, 봄비에 몇 개, 밤 서리에 또 몇 개, 아무도 모르는 나무의 속사정으로 또 몇 개…….

그렇게 엄선한 열매를 가지마다 붙들고 나무는 열매를 복숭아답게 또 열심히 키워내었다. 그러나 이 복숭아는 개복숭아였다. 크기와 맛이 참복숭아에 비하면 하늘과 땅 차이였다. 그래서 그저 집에서 가족이나 가까운 이와 여름 한 철 별미로 먹을 뿐, 상품 가치는 없었다.

비록 개복숭아이긴 해도 불그스레한 색조를 띠면서 열매의 가름선을 따라 살짝 벌어지기 시작하면 간식거리 없던 시절 그래도 없는 것 보다는 낫다는 처우를 하며 복숭아를 따먹었다.

4학년이 되자 남자반, 여자반으로 남자 아이 여자 아이가 분리되었고 갑자기 교실에는 온통 여자애들만이 있게 되었다.

우리는 어딘지 어른이 되어 성숙한 느낌으로 서로를 쳐다보았다. 혼합반에서는 남자애나 여자애나 모두 비슷비슷했는데 여자애들만 모인 곳에서 보는 여자애들은 모두가 달라 보였다. 그리고 첫 눈에 친구인지 아닌지 감이 오는 듯했다.

늘 남자가 반장 여자가 부반장이던 과거와 달리 반장을 여자 중에서 뽑는다는 사실이 흥미진진했다. 반장감이 벌써 보였다. 담임선생님께서 몇 번을 심부름 시킨 애가 있었다.

나는 반장선거에서 떨어지고, 나와는 차원이 다른 반장 애의 놀라운 능력에 의기소침해졌고 학교생활도 시들해졌다. 그 애는 예쁘고 옷을 영국의 이스턴학교 컨셉으로 입었으며 노래를 잘 불렀고 그림도 잘 그렸는데 붓글씨마저 잘 썼거니와 마음씨까지 고왔다. 그 애의 앞에는 참복숭아나무의 길이, 내 앞에는 개복숭아나무의 길이 펼쳐져 있는 듯했다.

3월이 지나 4월이 오고 있었다. 귀가 길에 같은 반 아이를 만났다. 학교에서 신산머루 비석 삼거리까지 약 20분 정도 같이 가다가 그 친구는 왼쪽 길로, 나는 오른쪽 길로 헤어졌다. 조용하니 말이 없는 친구였고, 늘 먼 곳을 응시하는 듯한 얼굴이었다가 눈이 마주치면 배시시 웃는 애였다. 4월이 지나고 있었고, 나의 4학년 열 한 살 은 봄볕에 마르게 타고 있었다.

어느 날 그 친구가 자기 집에 놀러가자고 하였다. 그 애와 늘 헤어지던 비석 삼거리에서 내가 가야만 하는, 내가 늘 가던 길을 버리고, 늘 버렸던 길로 접어들었을 때 나는 나의 역마살을 감지했다고 생각한다. 그 낯설음에 흥분되고 바람결도 다른 듯하여 코를 킁킁대었던 기억을 잊을 수가 없다.

길 왼편으로 확 트인 넓은 밭과 까만 돌담. 친구와 함께 걷는 먼지 날리는 돌멩이 투성이의 길. 4월 맑은 하늘의 빛나는 태양. 밭에는 청보리가 조그만 이삭을 달고 있었다.

친구가 이끄는 대로 오른 쪽으로 구부러진 좁은 골목길 맨 끝집으로 갔다. 친구의 집에는 중학교에 다니는 언니가 있었는데 친언니가 아니라고 했다. 의아해 하며 자신의 방이라고 친구가 열어주는 창호지 미닫이문 안으로 들어간 나는 빛나는 태양을 본 듯했다. 친구의 책상 위 화병에는 한가득 꽃이 꽂혀 있었다. 내가 잘 아는 복숭아꽃이었다. 그 애의 엄마가 좋아한다는 꽃이 화알짝 만개하여 환하게 웃고 있었다. 친구는 아버지가 돌아가시자 자기를 이모집에 맡겨 놓고 일본으로 돈 벌러 갔다는 엄마의 사진을 보여주고는 쉬잇 하며 나를 들창 쪽으로 이끌었다.

– 여기서 꺾은 거다.

하며 창호지 문을 살짝 들어보였다.

친구를 사모하여 세레나데라도 부르는 듯, 이 조그만 들창을 향하여 복숭아꽃가지들이 꽃을 활짝 피우고 웃고 있었다.

– 들키면 안 돼!

하며 얼른 문을 닫았지만 그 복숭아나무는 우리집 복숭아나무인 것을 금세 알았다.

그날 집으로 돌아오는 길은 얼마나 먼 길이었는지. 잠자리에 들어 복숭아꽃나무에서 그 친구의 방까지 길을 걸어가면 커다란 원이 그려지는 먼 길이고, 길을 포기하면 바로 옆이라는 사실을 가슴 아프게 몇 번이나 생각했다.

다음 날 아침 복숭아나무 배경이 되는 그 친구 이모의 집 담 벼랑을 살펴보았다. 중간에 홈이 파인 곳에는 참나리 풀잎이 청초하게 휘어져있고, 이 층 정도 높이만큼 보이는 30미터쯤 떨어진 친구의 들창문은 꼭꼭 닫혀서 모르는 척 하는 듯 했다.

내가 그 자리에 서 있는 한 그 문은 결코 열리지 않을 것이었다. 내가 그 친구를 보려면 먼 길을 돌아가야 할 것이다, 주인 몰래 꽃을 꺾어 엄마를 기다리는 가슴 아픈 친구를 위해서.

사실 그 길은 우리 둘 사이에 필요가 없는 길인 것을…….

친구가 얼마 후 전학을 갈 때까지 나는 결국 그 사실을 말하지 못했다.

– 그 복숭아나무가 우리 집 나무라는 사실을.

지금 생각해보면, 살아오는 동안 가까운 이들과 어떤 문제가 생겼을 때 나는 머리로 길을 찾고 길을 만들고 길만 모색하느라 쓸 데 없는 시간을 보낸 것 같다. 사실은 길이 필요 없는 경우가 많은데 말이다.

한 점에서 출발하여 너를 찾아가는 먼 길은 결국 커다란 원을 그리는 일이고, 마침내 도착한 네가 있는 곳은 바로 원을 그리려 출발한 그 한 점인 것을. 네게로 갈 길을 찾아 나서지 말고 그 자리에서 그냥 뒤돌아보기만 하면 되는 것을.

과메기 예찬

김 설 영

배고픈 것을 참지도 못하면서 꺼리는 음식은 많은 편이다. 그래도 세월이 흐르고 아이들을 키우면서 이 나이가 되니 골고루도 먹고, 비린 것도 먹고, 흐물흐물한 것도 먹지만, 씹히는 맛으로 먹는 음식을 제일 좋아한다. 잘 익은 김치의 씹히는 맛을 보라, 특히 배추 잎사귀 말고 줄기가 잘 익어 먹을 때 나는 아삭하는 소리와 맛은 진짜 일품이다.

우연히 친구 둘이서 과메기를 사서 나에게 주었다. 같은 아파트에 사는 친구 A는 뷔페에서 회식을 하면서 내가 과메기 먹는 걸 보고 "이런 것도 먹을 줄 아는구나" 하고 생각했다고 한다. 어느 약사회 모임 뷔페에 친구 셋이서 같이 참석하여 저녁식사를 하는데 내가 과메기를 찾았더니 친구 A는 "또 과메기 찾냐?"하고 , 친구 B는 "너 그것도 먹을 줄 알아?"하며 의아해하는 눈치였다. 모임이 토요일이었는데 다음 날 일요일에 A가 마트에서 샀다며 과메기가 들어 있는 조그만 박스를 건넨다. 그런데 오후에 친구 B가 문자를 보내 주소를 찍어 달라고 한다. 왜냐고 하니 과메기를 보내주려고 한다고 한다. 화요일에 우체국택배로 과메기가 도착했는데 10개들이 두 묶음이나 왔다.

밤 11시에 배추랑 고추랑 다시마를 사러 나갔다. 수요일 아침밥을 과메기로 먹었다. 먹다 보니 대파, 된장이 떨어졌다. 약국 근무를 끝내고 배고픔을 참으며 시장에 들렀다. 복분자주를 놓고, 양념된장을 만들고, 대파도 길쭉하게 썰어 놓고 과메기 7마리를 삼등분하여 접시에 담으니 식탁이 풍성하다. 남편도 과메기 먹으려고 저녁을 안 먹었다고 하며 퇴근해서 들어왔다.

내가 남편이나 나를 위하여 이렇게 밤늦게 술상을 차려 본 것도 20년만에 처음 있는 일이다. 술잔을 주거니 받거니 하며 먹고 있으니 딸이 들어온다.의자에 걸치고 앉아 과메기에 김치전을 주섬주섬 먹는다. 술도 한두 잔 들어가고 과메기 쌈 싸먹는 맛이 좋으니 내가 말이 많아진다. 나는 생선보다 육류를 더 좋아한다는 둥, 내가 제일 좋아하는 생선은 고등어라는 둥, 그리고 내가 고등어 이래로 좋아하는 생선이 생겼는데 그것이 과메기라는 둥. 그러자 남편이 왜 그리 과메기가 좋냐고 물어 본다.

"과메기에 술은 먹어도 안 취하고 아침이 거뜬해서 좋아. 돼지고기에 술을 먹으면 거지반 속이 안 좋거든."

하고 낼름 대답했다.

내가 고등어를 좋아하게 된 추억이 생각난다. 대학교 졸업하고 광주에서 친구랑 약국 동업할 때, 점심을 먹고 출근할 라치면 엄마는 차로 10분 거리인 남광주시장에 가서 생물 고등어를 사와 튀겨 주셨다. 그 고등어튀김과 흰쌀밥, 김치로 점심을 먹고 출근했던 젊은 날의 좋은 추억, 그 추억이 고등어를 항상 사게 만들고 나 혼자라도 구워 먹게 만든다.

과메기에는 어떤 추억이 있을까? 냉동상태의 꽁치새끼를 3일 내지 10일 동안 얼고 녹기를 반복하여 말린 것을 과메기라고 하는데, 내가 어렸을 때는 듣도 보지도 못한 생선이었다. 이 과메기를 나는 부천 언니 집에서 처음 맛보았다. 형부도 세무사 사무실에 다니며 잘 나가고 언니도 30대 한창일 때는 옆집 광성아파트 313호네 가족과 잘 어울렸다. 그 모임에 우리 식구도 같이 모여 술상에 앉아 처음 먹었었다. 비린내가 난다고 내가 꺼리니 언니는

"넌 안 먹는 게 많은데, 음식도 좋은 사람들하고 같이 먹으면 훨씬 맛있고, 기분 좋아져야. 그리고 다시마, 초장 맛으로라도 얼른 먹어봐?"

하고 쌈을 싸서 내 앞에 내민다. 그러자 형부도

"어이 처제, 이것하고 소주 먹으면 내일 아침에 약국 출근해도 거뜬할 것이니 얼른 먹어봐요!"

아이고 사면초가, 우물우물 입에 넣고 소주 한잔 먹고 어떻게 그 자리를 넘겼는 데, 정말 그 다음 날 일어날 때도 개운하고 약국 출근해서도 하루가 가뿐해서 즐거웠던 추억이 있어 겨울이면 꼭 과메기를 먹게 되었다.

술 한 잔 먹고 나서 언니에게 전화하고 나니, 친구 A에게서 전화가 왔다. 친구 A가 약국을 하면서 겪던 일을 내가 낱낱이 알고 있는데, 그 밤에 전화하여 근무약사 문제를 또 나에게 이야기 한다. 정말 나는 궁금하지 않다. 오랜 인연이라 다부지게 끊고 맺지 못하는 나도 문제라는 생각을 또 한다. 마음이 심란하니 드디어 내 마음의 죄가 많구나 하는 생각이 번민으로 이어진다. 성경을 쓴다. 하루 공책 한 장 쓰기도 버거워 밀려 두었는데, 두 장을 쑤욱 써 버린다. 아들이 학교에서 오고 가족이 옹기종기 모여 두런두런 이야기를 하니 새벽 한 시다. 역시 과메기의 힘이다. 내가 새벽 한 시까지 버티다니…….

목요일 아침 출근하지 않는 여유를 부린다. 거뜬한 몸이 어제 친구 A와의 통화를 생각나게 하여 이렇게 글을 쓴다.

가슴 속 무언가가 나를 짓누르는 느낌이지만 말한들 무엇하리, 허무하게 흩어져 버릴 것을……. 그 상태 그대로 안분지족하는 것은 정말 그렇게도 어렵고 긴 여정일까?

정말 쫄깃쫄깃하고 윤기가 좌르륵 흐르는 과메기를 먹었더니 오전이 피곤하지도 않고 이렇게 글 쓸 마음의 여유까지 갖게 해주었다. 친구 B에게는 과메기 잘 먹어 피부가 반짝반짝 빛난다고 문자를 보내 주었다. 이리하여 나는 다시한번 꽁치새끼 과메기를 예찬한다.

이번 일요일에는 남은 과메기를 싸들고 언니 집에 꼬옥 놀러가야겠다.

어느 국어시간

김 소 영

2009 개정교육과정 교과 교사 연수를 위해 40분씩으로 수업을 단축하는 날이다. 오전 다섯 시간, 오후 두 시간을 더하여 2시 40분까지 7교시 수업을 하고 선생님들은 각 교과 연수 장소로 부랴부랴 출장을 간다. 나는 3, 4, 5, 7 교시 수업이 있어 오전에 연달아 세 시간 후 점심을 먹게 된다. 시간이 조정되고 세 시에 종례를 한다하니 학생들이 하루 종일 왠지 수선스럽고 들뜬 분위기이다.

4교시에 1학년 4반 수업이 있었다. 40분 수업이라 눈 깜짝하면 지나가는 수업이다. 여느 날 같으면 엎드려 있을 부반장 장우성군이 오늘은 엎드리지 않고 함께 인사를 하였다. 2학기 2차고사 시험범위를 친절하게 안내하고 수업을 시작하였는데 아니나 다를까 우성이의 책상이 깨끗하였다. 교과서 없는 사람 체크를 하며 교과서를 내놓으라고 하자 우성이가

"난 공부 안 해요!"

하고 큰 소리로 말했다. 아무 거리낌도 없이 수업 시간에 감히 공부 안한다는 것을 큰 소리로 말하다니 속이 상했다. 나는 대번에 목소리가 올라가며

"공부하라는 시간에 공부를 안 한다니?"

했더니

“ 공부를 왜 강요하십니까?”

하고 맞받는다. 나도 질세라 언성을 높이며

“ 지금 시간이 무슨 시간입니까? 공부 안 하겠다는 게 자랑입니까?”

했더니

“사람인데 공부를 안 할 자유도 없습니까?”

한다. 나는 속으로 이 애들은 얼마나 사람이 되고 싶어 하는가 생각하면서 한편으로 고등학교의 수준에서 어찌 이럴 수 있나 화가 났지만 음성을 조절하며 애써 담담하게

“지금은 국민의 세금을 들여 가르치고 배우는 고귀한 수업시간입니다.”

했다. 그랬더니 우성이는 바로

“그 세금은 선생님이 낸 세금이 아니라 우리 부모님이 낸 세금입니다.”

라고 했다. 나는 목소리를 점점 높이며

“우성이 부모님의 세금만 들어가는 게 아니라 내 세금도, 다른 일하는 사람들의 세금을 들여 여러분을 가르쳐 훌륭한 사회인을 만들려고 하는 고귀한 수업시간입니다. 여러분은 어려서 공부하기 싫은 사람이 있기 때문에 미성년이라 구분하여 배우기 싫은 사람도 사회가 가르칠 수 있도록 공교육이라 이름하고 규정하여 가르치는 것입니다. 오죽하면 성년이 못 되었다고 미성년未成年이라 구분했겠습니까? 그래서 미성년을 성년이 잘 가르치라고 말까지 구분하여 세금을 들여 가르치는 것입니다.”

하며 열을 올렸다. 그랬더니 우성이가 더 이상 대꾸를 하지 않아 수업은 다음 진행으로 이어졌다.

한 번씩 열을 내고 나면 진이 빠지고 맥이 빠지지만 꿋꿋

하게 수업을 이어나가야 한다. 이 상황을 다른 학생들은 두 눈으로 지켜보며 교사와 학생의 기세를 살피기도 하고 여러 생각을 할 것이다. 이럴 때 교사가 말을 조금만 엇나가게 하면 학생들은 여지없이 말꼬리를 물고 수업을 더욱 어지럽힌다. 이럴 때는 더욱 논리로써 파고 들어가야 한다. 대게 수업을 하기 싫은 학생은 말꼬리를 잡고 수업을 흔들며 부끄러운 줄 모르고 한 건 해냈다는 치기어린 양양함을 보인다. 내신을 챙기는 학생은 이런 모습을 못마땅해 하면서도 목소리를 내지 못하는 안타까운 교실이 있는 것이 현실이다.

목소리를 가라앉히고 교과서가 없더라도 스크린을 잘 보면 보완할 수 있다고 안내하고 진도를 나가며 보니 책상이 깨끗하게 비어있는 우성군의 시선이 아래로 향해 오른쪽 손목이 미세하게 흔들리고 있었다. 필시 휴대폰을 하는 모습이었다.

"장우성군 휴대폰 가지고 나오세요."

음성을 저음으로 하여 담담히 말했다. 아까의 상기된 음성은 애써 거세하였다. 우성이는 한 번 쳐다보더니 조용히 휴대폰을 교탁 위에 놓고 가는데 그 비싼 스마트폰 유리가 깨져 있어서 속으로 '아유 어쩌다가 이렇게 되었을까?' 생각하며 나는 혹시 바닥으로 떨어질지도 몰라 걱정되어 까만 컴퓨터 가방에 휴대폰을 넣고 수업을 진행하였다.

단원은 '보도하기- 지나친 빛은 공해' 라는 서울의 야경에 대해 문제 제기를 한 후 해결방향을 제시하는 목적성이 강한 보도문이었다. 교과서 진도를 나간 후 '보도문의 특징, 방송 보도문 작성 요령' 등을 심화시키려고 학습지를 나누어주고 수업을 진행하였다. 그러면 대부분 학생은 학습지를 보고 괄호를 메우려고 신경을 쓰는데 우성이의 책상이 또 멀겠다.

나는

" 책상이 또 깨끗하군요? 방금 나누어준 학습지는 어디 있어요?"

화가 났지만 어투를 조절하며 말했다.

"뒤로 넘기라고 해서 뒤로 넘겼어요!"

하고 다부진 목소리로 말한다. 대답이 제법 신선하였으나 말도 안 되는 답변이었다.

"그렇군요! 그러면 장우성군의 학습지는 선생님이 주겠어요!"

하며 끓어오르려는 것을 누르며 애써 괜찮다는 듯이 학습지 한 장을 우성이의 책상 위에 놓았다. 그리고 내용 정리를 위해 20일, 20 짝수 번부터 시키는데 24번 장우성 해당 차례가 금방되었다. 나는 방금 전의 감정들을 애써 눅이며 담담하게

"24번 장우성군, '방송보도문의 작성요령' 을 읽으세요."

하고 지시하였다. 우성이는 목소리를 약간 나지막하게 하고 순서대로 읽어갔다. 수업의 끊길 듯한 맥을 이어가는 순간이다. 아홉 번째 항목까지 우성이가 다 읽고나자 나는 아까의 감정을 누르고

"수업에 참여한 우성이의 자세가 좋습니다. 아까의 그 상황과 다르게, 그 끓어오를 감정들을 누르며 읽는다는 것이 힘들었겠지만 기분대로 행동하지 않은 우성이의 행동은 칭찬받을 만합니다."

하며 우성이에 대한 칭찬을 4반 학급생에게 해주었다. 이렇게 하여 교사와 학생의 긴장된 분위기를 지켜보던 나머지 학생들에게도 안도의 순간을 느끼게 하며 4교시 단축된 수업을 마쳤다.

그리고 나는 더 이상의 대치 상황을 만들지 않고 학생을 수업에 참여시켜서 꽤 경력이 있는 교사라고 속으로 생각하며 위안했다. 어쩌면 좀 징그럽기도 한 상황이다. 감정을 속이는 것 같게 보이기 때문이다. 그러나 내가 길지 않았던 인생을 살며 스스로 깨달은 것이다. '좋지 않은 것은 단절적으로 생각하고, 좋은 것은 연속적으로 이어가자!' 삶의 고비마다, 가까운 사람이 가시처럼 느껴졌을 때, 내가 살기 위해, 내가 살아가기 위해 스스로 생각해낸 말이다. 죄는 미워하되 사람을 미워하지 말라는 말이 무엇인지 더불어 되새겨지는 표현이다. 그러면서 얼마나 많은 사람들이 그 한 가지의 미웠던 일로 사람을 미워하며 외롭게 외롭게 검은 밤을 보내고 찬란한 태양을 외면하는가 하는 안타까운 생각을 하곤 했다.

4반 수업을 마치고 설치된 컴퓨터를 걷으니 교실을 나가는데 시간이 걸린다. 이 순간에 우성이의 휴대폰은 까만 컴퓨터 가방 속에 들어 있다. 우성이는 휴대폰을 달라고 보채지는 않았다. 7교시 수업을 마치고 찾으러 오라는 내 말을 기억하고 있기 때문이다.

7교시 수업을 끝내고 교무실에 들어오니 휴대폰을 받기 위해 우성이가 나보다 먼저 와서 기다리고 있었다. 나는 우성이를 내 옆 보조 의자에 앉히고

"그래. 아까 수업 시간 너의 태도는 어떻다고 생각하니?"

하고 그 수업 시간 우성이의 태도를 짚었다. 우성이는 기다렸다는 듯

"죄송합니다."

작은 소리로 말했다. 나는 별로 유쾌하지 않았다. 짧게 하고 휴대폰 빨리 받아가자 그 속셈으로 해석되었기 때문이었다. 이어서 말했다.

"문제를 지적했을 때 학생들이 '죄송합니다.' 하면 '입술에 길들여진 말, 다음에 그런 행동 또 하겠네, 진정 반성은 했나?' 이런 생각들로 나는 그 말이 못 마땅하다. 진정 잘못을 뉘우치는 사람은 자신이 잘못한 일을 주워섬기며 잘못했다고 해야 하는 것이다. 그래야 그 행동이 얼마나 잘못되었는지, 자신의 입으로 말하며 부끄러움을 감내할 때 진정한 반성과 반성에 따른 실천이 따른다고 생각하기 때문이다."

우성이는 고개를 숙이고 조용히 듣고 있었다. 나는 다시 부드러운 음성으로

"그러하면 안 되지. 그렇게 알면서 아까는 왜 그렇게 했어?"

하니

"잘못했습니다. 공부하기 싫어서 그랬습니다."

한다. 선생님들은 교과 연수 출장으로, 나는 자기주도학습 지도를 위해 바쁘고 분주한 시간, 교무실 청소 지도도 못한 채 잘못했다는 말을 하며 멋쩍어 하는 우성에게 까만 가방 속에서 휴대폰을 꺼내주었다.

독물 오른 사춘기 시절 잘 자란다는 것은 어쩌면 말도 안 되는 행동을 해보이며 많은 사람 앞에 과시해보고 싶고, 선생님 앞에서 뻗대며 잘 살고 있다는 존재를 확인해보고 싶은 고등학교 시절, 학생들은 나이 들어 회고하리라

'교복 입었던 그 고등학교시절 참 좋았다…….' 고.

길 위에서

손 영 자

귀성전쟁, 올 한가위도 예외가 아니다.

뉴스에 귀를 기울이며 한밤중에 집을 나섰지만 몇 십 킬로 내달리지 못하고 차는 도로 위에서 꾸물거리기 시작했다. 밤 운전할 요량으로 초저녁 미리 자둔 잠도 내 몸 어디쯤 숨어 버렸는지 밤과 새벽의 경계에서는 눈꺼풀이 무겁다. 서울서 여수까지 해마다 두 차례 치르는 행사에 이젠 익숙해질 만도 한데 이번엔 몇 시간 만에 당도하게 되려나 지레 걱정부터 앞선다. 꼬리에 꼬리를 문 거대한 공룡이 아스팔트에 누워 꿈지럭거린다. 몇 시간째 걸어가는 것 보다 느린 속도로 찔끔거리는 행렬은 졸음을 더욱 부추겼다.

한여름 작열하는 태양의 열기도 받아안고 거센 비바람과 폭설에도 묵묵히 몸을 내주던 도로가 심한 소화불량에 걸렸다. 몸살에 급체까지 겹친 도로가 많은 차량을 끌어안고 끙끙거리며 밤새 신음했다. 조금 정체가 풀릴 때마다 숨통이 트이다가도 다시 숨이 막혀 답답한 흐름의 연속이다. 씽씽 내달리는 반대편 상행선 도로가 부러워 망연히 바라보았다. 길은 길로서 이어지고 소통되며 매끄러이 흘러야 하는데 명절이나 휴가를 만나면 몸살을 앓는 도로가 바퀴에 셀 수 없는 난타를 당하며 길을 물고서 널브러진다.

도로 위에서 버려지는 기름과 시간을 생각하면 너무도 아깝다.

몇 년 전 눈이 심하게 내렸던 설 명절에는 초저녁에 출발했는데 고속도로에 진입하면서 날이 밝았고 가득 채워진 연료통도 바닥이 나버렸다. 이틀 반나절이나 걸려 도착한 고향집에서 다음 날 바로 귀경해 버린 적도 있었다. 명절이나 휴가를 지역별로 날짜를 다르게 하면 어떨까? 짧은 연휴 동안 다녀와야 하기에 밀릴 수밖에 없으니 명절연휴를 한달 정도로 늘린다면 어떨까? 실현성 없는 상상을 하며 머릿속이 복잡하도록 생각을 거듭해도 묘안이 떠오르지 않는다. 직장을 따라 대도시로 모여 든 사람들, 수도권에 많은 사람들이 몰려 살기 때문에 일어나는 문제에서 샐러리맨의 고통이 느껴진다.

정체된 길 위에서 내 삶도 정체되어 있진 않은지 되돌아본다. 하고 싶었지만 못했던 일, 가고 싶었지만 가보지 못한 인생길.

한때 세계 곳곳을 돌아다니는 여행가의 꿈을 가진 적이 있었다. 늘상 새로운 것과 접하게 되는 여행지에서의 일상은 생각만으로도 흥분을 불러일으킨다.

학창시절 교과서에서 사진으로만 접한 유적지와 경관 수려한 관광지는 물론 알려지지 않은 아프리카 구석까지도 돌아보고 싶었다.

튼튼한 다리로 지구를 몇 바퀴 돌아다니며 세상의 모든 길에 내 발의 기억을 입히고 싶었다. 오지에 내 발자국 단단히 화석으로 남겨두는 계획을 세웠지만 현실은 집 주변과 일터로 다람쥐 쳇바퀴 도는 생활이 되었다. 종일 걸었던 내 뒤를 불평 없이 나를 따라다녔을 발자국. 잠자리에 누워 하루의 동선을 그려보면 매일 같은 곳에만 길을 내고 지문을 만드는 반복이었다.

발이 내디뎠던 흔적이 길 위에 새겨져 있다. 내가 흔들렸을 때 목적 없이 비척거렸던 발걸음. 앞만 보고 무작정 걷기만 했을 때, 힘들어 천천히 내딛었던 모든 행적을 발자국은 기록하고 있었다. 앞으로 또 얼마나 길 위에 표적을 만들어 내는 시간이 나에게 할당되어 있을까?

생각의 끈을 붙들고 있는 동안 계속 꾸물거리던 차가 당진 홍성을 지나며 도로는 여유로워졌다. 피곤이 머리끝까지 올라왔지만 그 동안 묶여 지낸 시간을 보상받기 위해 빠르게 질주했다. 속도계가 급상승으로 움직였다.

이 시간이 가장 위험한 시간이다.

달리지 못하고 도로에 묶여있는 차들에게 어느 순간 속력의 기쁨을 선물 받을 때 일어나는 교통사고. 귀향길에 영영 하늘나라로 귀향해 버린 사고 소식도 명절이면 빠지지 않는 우울한 단골소식이다.

이제 자동차에게 날개가 제대로 돋아나 잘 달릴 수 있게 되었는데, 목적지까지 몇 시간 남지 않았는데, 몸은 강한 휴식을 요구한다. 다음 휴게소에 들러 조각 잠이라도 잠시 자야겠다.

건너온 뒤편

세계를 여행하고 싶었다
튼튼한 다리로 지구를 돌아오는 거다
내 발자국 단단히 오지에 화석으로 남겨두고 싶었다
시간이 지나가며 서서히 근육이 풀어지고
꿈은 반으로 접혀지고 있었다

종일 집 주변과 일터로
같은 곳에만 길을 내고 지문을 만들었다
새긴 곳만 족적을 찍어댄 하루가
쉽게 등을 내보인 바닥에서 흔적을 지웠다
족적이 남겨진 넓이로만 계산해 본다면
나의 생은 낙제점이다

지금은 깊은 발자국의 시간
내려놓을 수 없는 짐이 내 어깨에 있다
돌아보니
깊게 패인 곳은 내가 힘들 때 걸었던 발자국
경쾌했던 발걸음은 약하게 찍혔다
발자국이 깊다고 낙심 할 필요는 없다
깊게 패인 발자국에 의해 여기까지 올 수 있었고
깊은 슬픔으로 패인 발자국 때문에 어른이 되었다

오랫동안 내게 힘이 되었던 것은 깊이 패인 발자국
깊은 발자국은 오래도록 지워지지 않는다

발에 대한 小考

우 옥 자

유독 맨발을 싫어하는 것은 배타적 소극성의 징후일지도 모른다. 찬바람이 불면 발꿈치 각질로 꺼칠꺼칠해진 발을 정성스레 씻고 바셀린크림을 바른 후, 되도록 도톰한 면양말을 신는다.

언제부터인가 발톱들의 불편한 징후가 두드러졌다. 왼쪽 새끼발톱은 퇴화한 듯하고, 오른쪽 새끼발톱은 살 속에 파고들어 딱딱해졌다. 평소에는 날렵한 구두코에 눌려서 도끼 모양의 형태로 다른 발톱에 밀착되어 숨죽이고 있지만, 발톱을 자르려면 그 거칠고 완강함에 한참 실랑이를 벌여야 겨우 2㎜의 정도를 제거할 수 있다. 그러던 와중에 안 일이지만……, 사실 이 발톱은 무좀의 침략으로 신음하고 있었던 것이다.

남편은 군복무 중에 무좀을 얻었다고 했다. 여름이면 늘 무좀으로 고생했다. 같은 목욕탕을 사용하는 내가 무좀의 공유자가 되는 것은 어쩌면 자연스러운 현상이리라. 결혼 30년이 넘은 우리 부부가 무엇을 공유하지 못할까마는 무좀을 공유한다는 것은 좀 그렇지 않은가……. 나는 무좀약을 부지런히 사 나르고 치료를 권해보았다. 조금 나아지는 듯 했지만, 남편은 그 끈질긴 인연을 쉽게 끝내지 못했다.

나는 내 발이 그리 맘에 들지 않는다. 살갗은 희고, 골격도 그리 울퉁불퉁한 것은 아니어서 딱히 못생겼다고 할 수는 없지만, 듬직하고 우람한 발이 은근히 못마땅하다. 여자라면 가냘프고 나긋나긋한 손발을 아름답고 생각하는 고정관념 탓인지도 모른다.

나는 중학교 1학년부터 고등학교 1학년까지 4년간을 산 하나를 넘어 학교에 다녔다. 답십리에서 동대문까지 버스를 타고 가서, 낙산을 넘어 삼선교에 있는 학교를 다녔다. 지금 생각해도 녹녹치 않은 통학거리이지만, 사실 그 무렵 아버지의 사업 실패로 이것저것 가릴 겨를이 없었다. 그 후 교사라는 직업도 나의 튼실한 다리를 만드는데 공헌했을 것이고, 한창 때 등산을 좋아한 것도 역시 한몫했을 것이다.

대학시절 미니스커트가 유행하던 그때, 나의 튼실한 다리는 늘 곤혹스러웠다. 그래서인지 늘 바지를 즐겨 입었다. 물론 성격상 활동적이어서 그렇기도 했지만, 가냘프고 늘씬한 각선미에 대한 열망에 늘 억눌려 있었는지도 모른다. 결혼 후, 한번은 남편과 친정에 가서 족발을 시켜먹었던 적이 있었다. 한참 맛있게 먹고 있는데, 남편이 장난기가 발동했던지……. 뼈만 남은 왕족발 하나를 들고 빙글빙글 웃으며 "우리 집에도 튼튼한 족발 하나 있죠 후후 훗"하며 나를 흘끔거리며 처다 보는 것이다. 이를 지켜보던 친정어머니께서 정색을 하시며

"여보게 자네! 아니, 그럼……, 비리비리해서 관절염이라도 앓아야 좋겠나"

어느 날 구두 굽 수선을 맡기고 기다리고 있는데, 수선하는 아저씨가

"'여포' 아세요? '여포' 는 여자이기를 포기한 사람이라네

요. 이렇게 굽 있는 구두를 신으면 아직은 여포가 아니라는 뜻이죠”

그러고 보니 쉰 중반을 넘어서도 아직 7㎝ 굽의 구두를 너끈하게 탈 없이 고수하고 있으니 다행이라고 해야 하나? 튼실한 다리를 받치고 있는 내 발이 문득 자랑스러워 졌다. 그동안 중년이 되면서부터 늘어나는 몸무게까지도 말없이 감내하고 있으니 말이다.

얼마 전 동남아 여행 중 발 마사지를 받은 적이 있다. 간지럽기도 하고, 황송하기도 하고, 민망하기도 해서 당연한 서비스도 바보처럼 제대로 즐기지 못했던 기억이 있다. 맨발을 천하게 여겼던 유교적 관념이 남아있는 것일까.

발은 신체의 가장 낮은 곳에서 무관심과 비천함의 상징처럼 존재한다. 그래서일까? 역설적으로 인간은 할 수 있는 가장 최고의 존경의 의미로 오체를 굽히고, 발등에 키스를 한다. 상대의 발을 씻어주는 것은 어쩌면 인간이 생각해 낸 가장 아름다운 사랑과 존경의 행위일지도 모른다.

한때 홍신자의 자서전을 읽고 충격을 받은 적이 있다. 그녀는 전위예술가로 맨발로 현대무용을 했다. 그녀의 맨발은 자유이자 구도이자 꿈의 상징이었다. 내 발도 이 세상에 나만의 길을 내며 그렇게 비탈길과 자갈밭을 묵묵히 걸어왔던 것이다.

오늘은 모처럼 사우나 족탕에서 놀이 삼아 한나절을 보내고 왔더니 보송보송해진 나의 발이 새색시처럼 사랑스럽다. 듬뿍 크림을 바른 후, 깨끗한 면양말을 신으며 가만히 속삭인다. “아직도 충분히 아름다워!” 내 우직한 다리와 군건한 발이 내 삶을 군세게 지탱해 주리라 믿는다.

길을 찾아서

이 동 희

봄기운이 감돌기 시작하는 삼월 하순, 오랜만에 지인들과 수원 광교산을 올랐다. 겨우내 쌓여있었던 우울함을 훌훌 털어버리고 모처럼 상쾌한 마음으로 즐거운 산행을 하였다. 아직 산이 봄을 제대로 담아내는 못하고 있었지만, 생강나무가 제일 먼저 수줍은 노란 꽃망울로 새 봄을 은은하게 알리고 있었다.

바쁜 일상 속에서의 조급함과 답답함을 내려놓고 자연스럽게 뻗은 산길을 따라 광교산 품안에 들었다. 천천히 내딛는 발걸음으로 졸졸 흐르는 개울물, 여기저기서 지저귀는 산새들, 삼삼오오 곁을 지나는 사람들을 바라보았다. 스쳐 지나가는 이름모를 사람들의 얼굴마다 뭔가 표현할 수 없는 잔잔한 여유가 전해져 왔다.

이러한 모습들을 보면서 산은 세상의 모든 것들을 아낌없이 품어주는 포근한 존재임을 다시금 가슴으로 깨달았다. 무엇보다도, 산길은 인위적이지 않아 걷는데 지루하지 않아 좋았다. 그저 자연스럽게 도시적인 피로에 지친 사람들을 조건없이 받아주기에 더욱 마음이 편안했다.

한 시간 넘게 산길을 따라 오르다 보니 어느새 형제봉 정상에 이르렀다. 거기에서 내려다 본 도시의 풍경이 순간 무척 낯설게 느껴졌다. 그것은 우리의 내면에 살아있는 인간본연의 자연성에서 나오는 순수함이라는 생각이 들었다.

산길에 들어서면서 부터 소소한 주변 풍경 모두가 자신의 눈길이 미치는 관심과 경이의 대상이 된다는 것은, 도시에서는 느낄 수없는 자연인으로의 회귀라는 생각이 가슴깊이 와 닿았다.

콘크리트 숲의 도시 길거리를 지날 때는 그저 분주한 일상에 쫓겨 버둥거리며 주변일상에 아무런 의미를 두지 못하고 살아왔다. 그런 것들이 그저 하나의 이름 없는 무의미로 와 닿고, 나 자신도 역시 똑같은 무의미의 대상인 것에 익숙해져 박제된 도시에서 늘 고독과 허전함에 시달려 왔다. 반면에 산길은 늘 채워지지 않는 존재의 부족함을 있는 그대로 받아들여 주고 넉넉하게 해주기에 그 매력에서 좀처럼 헤어날 수 가 없다.

형제봉 정상에 앉아 쉬면서, 쉰 살에 이른 내가 지금까지 살아오면서 걸어온 길들이 과연 내게 무슨 의미였는지 찬찬히 돌이켜 보았다.

내가 어렸을 적에 살았던 옛 동네는 인천의 전형적인 서민동네였다. 대부분의 집들이 안방과 가운데 마루, 건넌방, 그리고 뒤쪽에 그 전체를 이어주는 일자형의 부엌공간으로 이루어진 서민형 국민주택이었다. 비록 집들은 규격화되어 있었지만, 동네에는 오밀조밀한 골목길들이 미로처럼 뻗어 있었다.

그 골목길에서 나는 동네 아저씨 아줌마들의 관심과 보살핌, 사랑을 받으면서 동네 형들, 친구들, 동생들과 함께 하루가 어떻게 가는지도 모르고 즐겁게 자랐다.

한여름에 억수같은 장맛비가 퍼부으면 남의 집 뒤 처마 밑에 서서 비를 피했다. 함박눈이 펑펑 내리는 겨울날에는 집

집마다 모두 나와서 골목길의 쌓인 눈을 치우면서 눈사람을 함께 만들었다. 이렇듯 골목길은 나를 어머니처럼 늘 포근하게 품어주고 키워주었다.

지금도 돌이켜 보면, 그 골목길은 정감이 넘치는 아름다운 시절의 안식처로 가슴깊이 와 닿는다.

하지만, 중3 무렵에 우리 가족은 보다 번화한 도심지로 이사를 했다. 그 이후 나는 갑작스럽게 세상을 떠난 아버지의 빈자리를 대신해서 한 집안의 가장이 되어 가난을 벗어나기 위해서 몸부림쳐야만 했다. 치열한 경쟁과 이전투구로 점철된 삶의 현장에서 살아남기 위해서 늘 긴장된 상태에서 그저 앞만 보고 질주해야만 했다.

젊은 시절을 아스팔트가 깔린 삭막한 직선의 회색도시에서 험난한 세상을 헤치고 살아가는데 급급해서, 정감어린 순수함은 점점 퇴색되고 속물스런 삶에 빠져들게 되었다.

흙을 뒤덮은 아스팔트 위에서는 오직 고속전진만이 관심사일 뿐, 여유롭게 주변일상을 음미하는 것은 한낱 사치로 느껴졌을 뿐이었다.

그렇게 무딘 삭막한 영혼이 되어 한참을 정신없이 살다보니, 과연 나는 무엇을 위해서 살아온 건지 회의가 일시에 파도처럼 밀려오기 시작했다. 젊은 날 집요하게 추구했던 것들이 과연 무슨 의미였을까 하는 후회스런 허전함에 밤잠을 설치기가 일쑤였다.

역시 세상은 제법 나이가 들도록 살아볼 일이다.

귀밑머리가 희어지는 연륜이 어리석게 일그러진 삶을 겸허히 돌아볼 수 있는 여유를 만들어 준다. 사계절 내내 생명의 기운을 느낄 수 없는 아스팔트 도로 위에서 끝없는 무한 경쟁에 한 순간도 편한 숨을 내쉬지도 못하고, 마지막에는 지쳐 쓰러지는 파국에 이르러서야 때늦은 반추를 해본다.

오늘날 만연한 속도와 효율성은 자연의 원리가 아니라, 한낱 자본의 논리에 불과할 뿐이다. 이제 나는 도로의 속성을 반성하고 '길의 마음' 으로 돌아가고 싶다.

나는 그런 허허로운 마음으로 인위적인 가식의 길을 벗어나 자연과 하나가 되는, 순수한 인간과 인간이 만나는 길을 가야함을 옛 골목길에서, 산길에서 발견한다.

이제는 사라져버린 골목길을 다시 되찾을 수는 없지만, 나는 산길에서 충혈 된 눈과 지칠 대로 지친 내 육신과 영혼을 회복하고 싶다.

그것은 삭막하고 날카로운 직선의 생명이 없는 아스팔트가 아니라, 예나 지금이나 변함없이 가슴 속 깊이 새겨진 골목길과 맞닿은 아무런 조건 없이 품어주는 산길이 마련해준다. 결국은 모든 것을 비우고 인간본연의 자연성으로 가야만 살 수 있음을 절실히 깨닫는다.

그 길은 비자연의 지배를 받지 않는 진정한 자기를 남기는 현장이고, 이름 모를 들꽃들과 살아있는 숨 쉬는 가슴 뜨거운 사람들과 스스럼없이 만나는 곳이다.

이제는 생명을 느낄 수 없는 아스팔트에서 벗어나 부질없는 욕망과 집착의 짐들을 미련 없이 내려놓고, 소탈한 자연인의 길로 되돌아가고 싶다.

어머니의 방

금년 겨울은 수십 년 만에 몰아닥친 한파로 몹시도 춥기만 하다. 모처럼 퇴근길에 발길을 돌려 어머니를 뵈러가는 중이다. 오늘따라 그저 어머니가 보고 싶어 미리 전화도 드리지 않고 발걸음이 가는 대로 몸을 맡긴다. 하긴 부모자식 간에 무슨 사전통보가 필요하겠는가? 그저 애틋한 정에서 우러러 나는 순리에 따를 뿐이다. 역시 세상살이는 제법 나이가 들게 살아봐야 인생이 무엇인지 그 의미를 깊이 있게 깨닫는 것 같다.

쉰 살의 문턱에 접어드니 평생 아낌없이 주는 나무와 같은 어머니에 대한 깊은 연민이 절절이 와 닿는다. 큰아들인 나에게 젊어서 혼자되어 남들보다 더 힘들었던 어머니의 인생을 헤아리고 보듬어주어야 한다는 마음이 더 뼛속 깊이 와 닿는다. 이제야 철없이 나이만 먹은 아들은 정신없이 살아온 지난날들에 대한 후회와 자책, 아쉬움이 늘 교차하여 어머니에 대한 연민이 더욱 깊어지고 있다.

어머니는 인천 수봉 산 공원 중턱, 가파른 언덕에 위치한 동네 슈퍼 2층 빌라에 혼자 사신다. 그 어머니의 방에는 2단짜리 작은 문갑과 그 위에 17인치 중고 TV, 예수, 성모 석고 석상과 촛대 2개가 놓여 있다. 방바닥에는 전기장판이 깔려 있고, 방문 옆 구석에는 이불과 여름 옷가지를 담아놓은 플라스틱 박스 3개가 자리하고 있다. 그리고 그 벽 쪽에는 2미터 정도 되는 행거에 외출복들과 평소에 입는 옷가지들이 몇 벌 걸려 있다. 흔히 말하는 소박하고 단출한 살림살이가 아니라, 지독한 빈한함이 적나라하게 묻어나는 옹색한 방이다.

나는 그런 어머니의 방을 둘러볼 때 마다, 어머니에 대한 죄스런 마음에 늘 가슴이 아프기만 하다. 게다가, 어머니가 큰아들의 고급 대형아파트를 굳이 마다하시고, 끝없이 제자리를 찾지 못하고 방황을 거듭하는 것 같아서 무척 난감하기만 하다.

칠십 대 중반의 다른 어머니들처럼, 본인은 제대로 돌보지 않고 한 평생을 자식들을 위해 그저 희생하고 양보만 하는 적자 인생을 스스로 감내해온 주름살과, 거북이 등처럼 갈라진 손이 초라한 방과 함께 하는 모습에 마음은 늘 무겁기만 하다.

남들처럼 속내를 털어 놓을 수 있는 딸자식도 없이 살아온 어머니가 얼마나 많은 밤들을 스스로 달래고 참고 견디셨을까 하는 생각이 와 닿는다. 그렇기에, 나는 동생들과의 오랜 갈등과 반목으로 어머니에게 소홀했던 불효와 어리석음에 대한 죄책감과 뼈저린 후회를 어머니의 방에 말없이 풀어낸다.

돌이켜 보면 그 어머니의 방, 아니 어머니가 바로 진흙탕 속에서 피어난 수려한 연꽃이었던 것이다. '빈처' 와 같은 어머니의 인생에서 그 방들의 역사는 너무나도 깊다. 사십 대 중반에 아버지의 갑작스런 죽음으로 자식들을 가르치기 위해 소중한 집을 팔고, 어머니의 방은 세상의 거친 소용돌이 속에서 이리저리 표류해야만 했다.

방 2개짜리 전세, 반 지하 단칸 전세, 허름한 한옥 문간방 월세, 옛 여관 담장 밖의 블록 단칸 전세 등. 그렇게 수많은 방들을 부평초처럼 떠다니면서 자식들을 강하게 길러내셨다. 그렇게 10년 넘게 주민등록에 주소지 표시 칸이 모자라는 역사를 만들고도, 그 이후로 지금까지 20년 넘게 어머니의 방은 제자리에 돌아오지 못하고 있다.

지천명에 이른 아들은 지난 삼십 년 동안 어머니가 함께 했던 초라한 방들의 의미를 깊은 밤까지 뒤척이면서 곰곰이 되짚어 보려고 애쓴다.

내 기억 속에 깊이 각인된 어머니의 방들을 단지 옛날에 고생했던 삶의 흔적으로 바라보며 접근하기엔 중년의 딸이 아닌, 아들의 입장에서는 무척 풀기 어려운 난제이기만 하다.

중년의 딸이 여성특유의 섬세함으로 늙은 어머니의 말 못하는 내면의 아픔을 헤아릴 수 있는 반면에, 그 역할까지 떠맡아야 하는 중년의 아들은 그 한계를 느낄 때 마다 무척 당황스럽다. 게다가 어머니는 충분히 좋은 생활공간에서 사실 수 있음에도 불구하고 고집스럽게 초라한 전세방을 전전하며 자식들에게 공치사도 하지 않고, 그저 묵묵히 세월과 함께 늙어 가신다.

그저 한 평생을 먼저 간 남편을 위해서, 철없는 자식들을 위해서 손해만 보는 인생을 억척스럽게 고수하면서, 초라한 방과 함께 빈한하게 사심 없이 늙어가고 있다.

그렇게 어머니는 시대가 바뀌고 모든 게 달라졌음에도 불구하고 그분만의 방식으로 세상과 소통하는 삶을 풀어내고 있는 것이다.

반면에 깊은 속내를 드러내지 않고 늘 속 깊은 웃음으로 자식들을 대하시는 어머니의 본심을 제대로 읽지 못하고, 내 나름의 의미부여와 도식적인 결론으로 스스로를 재단해버리려는 배운 자식의 현학적 이기심이 오히려 답답하기만 하다.

이러한 착잡한 여러 생각들이 끊임없이 교차하는 중년의 아들은 하루도 빠짐없이 노심초사하는 마음에 안부전화를 드린다. 수화기에 들려오는 어머니의 목소리가 전하는 미묘한 느낌하나도 놓치지 않고 헤아리려고 부단히 애쓴다.

뒤늦게 철이 든 아들은 오늘도 표류하고 있는 어머니의 방을 서성이면서 애틋한 마음으로 어머니에 대한 깊은 연민을 전한다.

기다림에 對한 斷想

지난 봄 충남 공주에 사는 지인의 집에 놀러 간 적이 있었다. 서울에서 증권회사에 근무하다 여러 해 전에 귀촌한 지인의 농부스런 모습이 그럴 듯하게 잘 어울려서 보기 좋았다. 지인의 텃밭에서 팔을 걷어붙이고 고구마를 심는 것을 도와주면서 이런저런 옛 추억을 떠올리며 즐거운 시간을 보냈다.

10월의 문턱에 접어드는 오늘 그가 첫 수확한 고구마를 택배로 한 상자 가득하게 보내 주었다. 생각지도 않은 선물에 너무 고마워서 바로 감사전화를 했다. 그랬더니 그가 대뜸

"이보게! 이 선생! 고구마 심었던 보람이 있지? 내가 시골생활을 몇 년 해보니까 뭐든지 뚝딱 되는 게 없더라구. 다 자연이 시키는 대로 피땀을 흘리며 기다려야 되더라구. 뭐라 표현할 수 없는 진리 같은 것을 뼈저리게 느끼고 있네. 자네도 기다림이 얼마나 아름다운 것 인지 흙 묻은 고구마를 보고 느껴보게!"

라는 지인의 말이 나를 가슴 깊이 감동시켰다.

그로 인해 나는 '과연 기다림이란 무엇인가?' 에 대하여 다시금 돌이켜 볼 수 있는 시간을 가지는 계기를 갖게 되었다.

어렸을 때 어스름한 저녁 무렵에 앞마당을 서성이면서, 시장가신 어머니가 돌아오실 때까지 마냥 기다리던 일이, 학교 소풍 날까지 설레는 마음을 억누르지 못하고 밤잠을 설쳤던 일이, 국군장병들에게 위문편지들을 써 보내고 답장을 기다

리면서 대문 편지함을 수없이 열어 보았던 일이 주마등처럼 스쳐 지나갔다.

하지만 기다림에 대한 이런 아름다운 편린들에도 불구하고, 60년대부터 시작된 발전의 소용돌이를 온 몸으로 겪으면서 성장한 전후 베이비붐 세대인 나 역시도 서구적인 가치체계와 속도에 무척 익숙해져 있다.

게다가 요즈음 인터넷과 핸드폰, 스마트 폰 등으로 상징되는 '초고속의 시대' 를 살다보니 '무엇을 참고 기다린다' 는 의미를 절실하게 느끼는 데는 다소 어색함과 서투름이 앞선다.

이렇게 속도와 효율성에 익숙한 상황에서 '기다림' 이란 과연 어떻게 접근하고 이해해야 할 지 심히 당황스럽기만 하다. 물론 역동적인 변화와 속도가 우리를 현재에 안주하지 않게 하고 보다 나은 발전의 원동력이 되어 우리의 삶을 윤택하게 하고 편리하게 했음은 부인할 수 없다.

하지만 이제는 우리 스스로가 지나온 삶의 흔적을 다시금 되짚어 보고, 이를 통해보다 나은 미래에 몰두하는 긍정적인 성찰에 '기다림' 이 절실히 필요하다고 자문자답 해본다.

요즈음 같은 초고속의 시대에 무엇을 여유로운 마음으로 기다린다거나 누구를 참을성 있게 기다린다는 것이 비효율적인 시간낭비라고 말할는지 모르지만, 거기에는 깊이 있는 배려의 철학이 스며있다. 그리고 그 영향력은 실로 엄청나게 와 닿는다.

농부는 이른 봄에 모내기를 하고 결실의 가을에 이를 때까지 한 여름 뙤약볕 아래에서 허리 숙여 피를 뽑고, 세찬 장마와 태풍을 온 몸으로 맞으며 묵묵히 벼를 돌보고 키워낸다. 그러면서도 농부는 하늘을 원망하지 않고 인고의 기다림으로 얻은 수확의 기쁨을 가슴가득 품고 자연과 스스럼없이 하나가 된다.

또한, 이른 봄 들판을 아름답게 수놓는 이름 모를 들꽃들도 자연의 섭리에 따른 기다림의 시간과 공간을 함께 하면서 피어난다.

이렇듯이 우리를 감싸고 있는 세상 만물들이 어김없는 자연의 순리에 따라 인고의 기다림을 통해서 그 아름다운 완성의 역할들을 당당히 해오고 있다.

하지만, 우리는 어느새 속도의 노예가 되어 '기다림' 을 비효율적인 사치스런 낭만으로 평가절하해오고 있다. 그로 인해 우리는 스스로를 옥죄면서 조급하게 서두르며 버둥거리고 있다.

흔히 남들에게 뒤지지 않으려고 '빨리빨리' 병에 찌들어서 성숙된 준비와 과정을 도외시한 채, 조급하게 설익은 성취를 이루려고 혈안이 되어 있다. 그로 인해 우리는 무한 속도의 소용돌이 속에 빠져 한 순간의 여유도 가질 틈 없이 스스로를 천박하고 얄팍한 속물스런 존재로 전락시키고 있다.

요즈음 나는 집 근처 하천변을 걷거나, 자전거를 타면서 여기저기를 천천히 음미하면서 여가를 즐긴다. 주변풍경들을 자세히 들여다보면 모든 존재들이 결코 예사롭지 않다.

'知天命' 의 문턱에 이를 때까지 속도의 노예가 되어 밤하늘의 총총한 별들도, 들판의 하늘하늘한 코스모스들도, 노란 은행잎들의 아름다움도 제대로 느껴보지 못한 내게 '기다림' 은 새로운 의미로 다가온다.

그렇기에 속도의 효율성과 시간의 경제성이 지배하는 세상에서 늘 정신없이 살아온 나는 요즈음 고요함 속에 역동적인 변화를 완성해가는 자연의 참모습을 겸허한 마음으로 기다림으로 하나가 되는 가슴 벅찬 행복을 느끼고 있다.

이처럼 '기다림'은 자연과 더불어 자기 자신을 진실하게 깨닫고 완성해가는 구도의 과정으로서 그 의미가 깊이 있게 와 닿는다.

초대합니다.

『문학동인 글샘』은 순수한 문학적 열정을 가진 당신을 기다리고 있습니다. 창작활동을 하고 계시거나 시, 소설, 수필, 희곡을 공부하고자 하시는 분에게 작품 발표의 기회와 함께 문단 등단을 적극 후원해 드립니다.

문학동인 글샘 http://cafe.naver.com/geulsaem

문학기행

이동희

보은을 품다

이 동 희

신록의 푸르름이 절정을 향해가는 오월 하순, 부천 교사문학회 '글샘' 의 문학기행을 떠나는 화창한 토요일이 밝아왔다. 문학을 사랑하는 순수한 열정을 다지고 삶의 에너지를 재충전하는 문학기행은 나에게 남 다른 의미를 가지고 있었다. 지난밤 들뜬 마음에 잠 못 이루고 뒤척거리다 약속시간에 맞춰 나오느라 다소 피곤함이 배어 있었다. 하지만, '길을 떠난다' 는 즐거움이 훨씬 더 컸다.

아침 6시 무렵에 우옥자, 손영자, 정미경, 김경식, 김소영, 김설영 동인과 나까지 우리 일곱 명은 가벼운 여행복 차림으로 부천 교육지원청 주차장에 모였다. 그리고 오늘의 목적지인 충북 보은을 향해 이런저런 정겨운 담소를 나누며 길을 나섰다.

신나게 달리는 고속도로 주변에 펼쳐진 오월의 싱그럽고 푸르른 산하는 삭막한 콘크리트 도시 속에서 찌들었던 우리들에게 생기를 불어넣어 주었다. 경부고속도로를 두 시간 가까이 운전하다가 잠시 피로를 풀기 위해서 안성휴게소에 들르게 되었다. 주말답지 않게 비교적 한산한 휴게소에서 여유로운 커피타임을 가졌다.

그런데, 김경식 선생님께서 커피를 마시고 있는 우리들에게 뜻밖의 놀라운 것을 알려주셨다. 그것은 다름 아닌 계수나무였다. 휴게소 직원용 건물의 구석진 곳에 자리한 계수나무는 신선한 충격 그 자체였다. 나이가 오십이 다 되도록 계수나무는 그저 어렸을 적에 배웠던 동요 속에나 나오는 토끼가 방아 찧는 달나라에만 있는 줄로 알았었는데 바로 코앞에서 보게 될 줄은

전혀 생각하지 못했다. 다소 구석진 곳에 수줍은 듯이 서 있는 계수나무는 하트 모양의 잎사귀들을 무성하게 키우면서, 오월의 햇살 속에 그 자태를 드러내고 있었다.

나는 그냥 눈으로만 보고 지나치기에는 너무 아쉬워서 스마트 폰 카메라로 찍어서 훗날 시심詩心이 발동하면 계수나무를 주제로 시를 그럴듯하게 써 보리라 굳게 마음먹었다.

우리 일행은 다시 길을 떠나 충북 청원IC에서 당진상주 고속도로로 방향을 틀어 약 두 시간 후에 충북 보은에 도착하였다. 보은은 잔잔히 흐르는 강물처럼 여유롭고 평온한 기운으로 우리를 아낌없이 받아주었다. 우리는 제일 먼저 보은읍 어암리에 있는 삼년산성으로 갔다. 이 산성은 사적 제 235호로 신라시대에 쌓은 포곡형의 산성으로 우물 정자 모양으로 한 켜는 가로 쌓기, 한 켜는 세로 쌓기로 된 견고한 성벽으로 이루어져 있었다. 이곳은 예로부터 대전, 청주, 상주, 영동으로 연결되는 요지였다. 신라는 이 지역을 확보하여 삼국통일을 이룰 수 있었고, 고려 태조 왕건이 직접 공격하다가 실패

한 난공불락의 요새였다.

우리 일행은 천천히 조용한 산길을 따라 산성 안으로 걸어 올라갔다. 폭이 8 ~ 10m 가량 되는 성벽들은 검푸른 옛 돌들과 대비되는 복원된 화강석 흰 돌들로 되어 있었다. 아직도 성문과 망루는 복원되어 있지 않았지만, 1500년이 넘는 헤아릴 수 없는 세월을 고스란히 간직하고 있었다. 둘레 1.6km 정도의 산성 안에는 그 옛날의 영화로운 모습은 온데간데없고 자그만 연못과 잡초들만 무성하게 자라고 있었다. 성벽 위에서 내려다 본 보은읍은 아기자기한 평온한 풍경으로 손에 잡힐 듯 펼쳐져 있었고, 시원한 봄바람이 팍팍한 무르팍을 상쾌하게 달래주었다. 성벽 주위를 따라 돌아보면서 우리는 산성 안에 자리한 소박한 시골집 같은 조그만 사찰에 이르렀다. 불탑들과 불경서각 들만 없었다면 세상만사 모두 다 잊고 눌러앉아 살고픈 충동에 사로잡혀 한동안 눈을 뗄 수가 없었다.

성문입구 근처에 우뚝 솟은 큰 바위에 '해동서성海東書聖'이라 불린 신라시대의 대표적인 서예가인 김생金生이 쓴 '아미지蛾眉池'라는 글씨가 가늠할 수없는 세월을 견디면서 자리한 것을 보았다. 그런 아름다움을 간직한 연못에 이제는 잡초만 무성하게 자라 그 자취를 찾아볼 수 없는 것이 무척 안타까웠다.

형언할 수없는 아쉬움을 뒤로 하고 속리산 법주사로 가는 길목에 있는 동학농민혁명 기념공원으로 갔다. 동학농민들의 최후의 격전지중 한 곳인 보은군 성족리 일대에 조성된 이 공원은 보은 사람들의 자부심을 느낄 수 있을 만큼 무척 훌륭하게 잘 조성되어 있었다.

우리 일행은 경건한 마음으로 120여 년 전 당시 조선이 안고 있었던 절체절명의 과제인 사회개혁을 이루려고 분연히 떨쳐 일어난 민초民草들의 반외세 반봉건의 농민항쟁을 되짚어 보았다.

그 당시 동학농민군은 사회적으로는 신분타파 운동을 통해서 부패한 양반질서를 붕괴시켜 신분귀천이 없는 평등사회를 실현하고자 했다. 또한, 경제적으로는 가혹한 수취제도의 개선을 통해 하층민들의 삶을 개혁하고, 정치적으로는 경직된 왕정체제의 개선을 추구하였다.

1893년 3~4월에 동학농민군은 '척왜양斥倭洋'의 기치를 내세우고, 그 전제조건인 탐학한 부패관리들을 처벌할 것을 요구하면서 이곳 보은에 2만여 명 가량이 모여 들었다. 하지만, 조선 조정은 상주 소모영 민보군과 일본군을 동원하여

무자비한 진압을 시작하여 그 해 겨울까지 수많은 동학농민군들을 학살하였다. 이곳 기념공원이 자리한 보은 북실 마을에서만 약 2500여 명 이상이 죽음을 당했고, 공원 기념탑으로 올라가는 계단 석벽에 그 증거인 상주유생 김석중의 '토비대략討匪大略' 이라는 일지가 석판으로 게시되어 있어 무척 마음이 아팠다.

이 일대에 동학농민군의 집단매장지가 있을 거라는 소문은 그들의 한 맺힌 투쟁의 아픈 역사로 뼈저리게 와 닿았다.

우리나라는 위정자들의 독선이 아니라 진정 이름 없는 민초民草들의 헌신적인 희생과 피와 땀으로 지켜져 왔음을 그 후손된 한 사람으로서 깊은 동질감을 느꼈다.

비록 그 당시에 동학농민군의 투쟁은 성공을 거두지 못했지만, 그들의 올곧은 저항정신은 죽지 않고 뿌리내려 격동의 근 · 현대를 살아온 우리에게 민족정기를 일깨워 준 계기를 마련했기에 옷깃을 여미고 숙연한 마음을 가지게 하였다.

우리 일행은 한낮의 따사로운 햇살 속에 길을 서둘러 속리산 법주사를 향해 고개를 넘었다. 보은군 속리산면 사대리 산 일대에 자리한 법주사는 553년 신라 진흥왕 14년 의신義信이 일찍이 불법을 구하러 천축天竺(인도)으로 건너가 경전을 얻어 돌아와 그것을 나귀에 싣고 속리산에 창건한 유서 깊은 사찰로서, 팔상전을 비롯한 수많은 국보급 문화재들과 보물들이 자리한 곳이다.

우리가 법주사 초입에 이르렀을 때 제일 먼저 마주하게 된 것은, 조선 7대 세조 대왕에 의해서 품계를 하사받은 수령이 600년이 훨씬 넘는 천연기념물 제103호인 정이품송이었다. 하지만, 수령이 너무 오래되어 소나무 주위에 지지대들을 받쳐놓았고, 그 바로 옆에는 애기 정이품송이 훗날을 대신할 준비를 하면서 자리고 있었다. 조선왕조부터 오늘에 이르기 까지 수많은 격동의 세월을 감내하면서 살아있는 역사로 자리매김한 정이품송도 도도한 세월의 무게를 무척 버거워하는 것이 못내 안타깝기만 했다.

그런 안타까움과 연민으로 교차하는 마음속에 우리는 법주사 주변의 한식당에서 맛있는 산채정식으로 배고픔을 달래고 법주사 경내로 발길을 천천히 옮겼다. 고풍스런 일주문을 지나면서, '속리산俗離山' 이라는 지명이 왜 붙여졌는지 그 이유를 몸소 느낄 수 있었다. 높지만 오만하거나 드세지 않은 산들이 사방으로 둘러싸인 곳에 자리한 법주사는, 옛 선현들이 산하의 기운을 올바르게 받아들이고 자연과 하나 되

고자 한 그 혜안에 감탄이 절로 나올 정도로 평온하고 아늑한 기운이 서려 있었다.

한 걸음 한 걸음 '비운다' 는 마음으로 천천히 금강문을 지나 사천왕이 모셔져 있는 천왕문을 지나니 고색창연한 팔상전이 눈앞에 나타났다. 정유재란 때 불타 없어졌던 것을 1602년 사명대사와 보은 출신의 벽암대사가 조선 인조 2년(1624년)에 복원한 지금의 팔상전은 지난 인고의 세월을 이겨내면서, 그 웅장한 자태를 간직하고 있었다. 팔상전 안에 자리한 납석원불은 수많은 나한들을 데리고 편안하고 여유로운 모습으로 변함없이 자리하고 있었다. 고개를 들어 위쪽을 올려다보니 단청과 탱화들은 빛이 바랠 대로 바래 제 모습을 많이 잃었지만, 웅장한 대들보로 이루어진 기둥에는 헤아릴 수 없는 세월이 배어든 특유한 향기가 은은하게 발산되고 있었다.

대웅전 앞에는 신라시대에 만들어진 사천왕 석등과 쌍사자 석등이 1500년이 넘는 엄청난 세월 속에서도 옛 모습을 잃지 않고 정교한 아름다움을 그대로 간직하고 있었다. 그것은 아마도 부처님의 가피加被로 이루어진 하나의 기적이라고 볼 수밖에 없었다. 우리는 법주사 경내의 진영각, 명부전, 삼성각, 희연보살상, 철확, 원통보전, 금동 미륵대불, 철 당간지주, 석연지, 마애불 등을 찬찬히 음미하면서, 번잡한 도시에서 질기게 따라왔던 집착과 어지러운 상념들을 떨쳐내고, 가벼운 발걸음으로 소요하듯 무상의 여유로움을 한껏 즐겼다.

그 와중에도 조금만 시간을 내면 이렇게 살아 숨 쉬는 아름다운 세계가 있음을 모르고 그저 뭐에 홀린 듯 날카로운 직선의 사바세계에서 허우적대는지 도대체 나 자신도 풀 수 없는 화두가 나를 사로잡았다.

법주사 경내를 따라 흐르는 개울가를 내려오다가 여승들만이 정진하는 암자 마당에 흐드러지게 피어 있는 꽃들에 도취되어 사진들도 찍고, 개울가에서 발을 담그면서 한동안 즐거운 시간을 보냈다.

이른 아침에 떠나온 여행길에 어느덧 늦은 오후가 서서히 찾아들어 짧은 하루의 아쉬움을 간직한 채, 다시 돌아가는 여정을 시작했다.

우리는 조선 7대 세조 대왕이 피부병 요양 차 속리산으로 행차할 때 고개가 하도 험준하여 가마로 넘기가 어려워 잠시 쉬

었다가 말로 갈아타고 넘었다 하여 이름 붙여진 '말티재' 고개로 방향을 잡았다. 굽이굽이 가파른 경사면들을 조심스럽게 운전하면서 고개 정상까지 이르렀지만, 내려가는 길도 급경사 급커브 길이 10여 차례나 이어져 있었다. 참으로 속세를 떠나는 것도, 속세로 다시 돌아가는 것도 얼마나 힘든 일인지 새삼스럽게 다가왔다. 그렇게 우리는 경부고속도로로 진입해서 다시금 속인의 삶이 기다리는 사바세계로 빨려 들어갔다.

황급히 속세로 다시 돌아오는 게 탈이 났는지 우리 일행은 늦은 오후의 나른함을 이겨내지 못했다. 그래서 우리는 안성휴게소에 다시 들러서 나무그늘 아래서 주위의 시선에 아랑곳하지 않고 나른한 단잠을 청했다. 해질녘 철없는 산들바람이 내키지 않는 속세로의 발걸음을 재촉했다.

저녁노을은 그런 줄도 모르고 무심하게 오월의 하순에 스며들고 있었다.

결국, 나를 찾아서 떠났던 출가出家의 여운을 가슴 깊이 새겨놓고, 돌아누운 밤하늘에 뜬 둥근 달은 보은을 변함없이 비추고 있었다.

문학동인 글샘

2012년 9집
사과의 변증법

초판인쇄 | 2012년 12월 25일
초판발행 | 2012년 12월 30일

발 행 처 | 문학동인 글샘
http://cafe.naver.com/geulsaem

펴 낸 이 | 김영은
펴 낸 곳 | 다시올
주　　소 | 서울 노원구 월계동 382-55
전　　화 | 070-7431-5941, 031-836-5941
팩　　스 | 031-855-5941
메　　일 | maxim3515@naver.com

ISBN 978-89-94414-37-9 03810

값 9,000원

* 파본은 바꾸어 드립니다.
* 이 책은 부천교육지원청의 발전기금으로 제작되었습니다.